AVANT, J'AVAIS DEUX SEINS

DELPHINE APIOU

AVANT, J'AVAIS DEUX SEINS

Récit

Robert Laffont

ISBN 978-2-221-18919-1

Ai miei genitori per loro
amore della vita

Préambule

J'aurais pu intituler ce recueil : « Mes amis, mes amours, mes emmerdes et mon cancer »… Je n'ai pas osé demander l'autorisation à Charles Aznavour, pourtant c'est bien de cela qu'il s'agit. Dans ce petit livre, je n'ai pas voulu décrire la maladie, les traitements, la fatigue – tout le monde se doute qu'une série de rayons X fait bronzer beaucoup plus vite que des UV. J'ai préféré évoquer les « à-côtés », les incidences du cancer sur la vie quotidienne.

Mais, comment l'annoncer à sa famille (« Papa, Maman, devinette : qu'est-ce qui est rond et qui ne grossit que dans un seul sein ? »), comment le cacher à son banquier (« Non, non, ça va, je suis juste un peu fatiguée… Je signe où pour le prêt ? »), comment résister aux réactions loufoques des copains (« Fais voir ton nichon… Ouais, c'est moche, mais il t'en reste un autre. »), comment parler avec le corps médical (« Il y a bien deux *m* à *mammectomie* ? »)… ? Et surtout comment une quarantenaire, célibataire sans enfant, qui se prend une mammectomie et une hystérectomie sur le coin de la tête (enfin, façon de parler parce que c'est plus bas que ça se passe…), peut encore croire à l'amour, espérer rencontrer un homme et oser se montrer nue devant lui ?

Je précise que j'ai assez pleuré comme ça, alors je vais essayer de vous faire un peu rire.

Rappel des faits

C'est drôle la vie, ça ne se passe jamais comme prévu. Et je ne parle pas de tout ce à quoi on ne s'attend pas : les rencontres, les accidents, les maladies, les ruptures, les varices… mais plutôt de la façon dont on réagit face à ça. Avant d'avoir un cancer, je m'étais imaginé que si ça m'arrivait, ça serait la fin de tout. Un cancer, ça voulait dire s'asseoir et attendre la mort. C'est ce que l'on doit appeler la différence entre le fantasme et la réalité, car ça ne s'est pas du tout déroulé ainsi. Je ne vais pas vous faire croire que j'ai sauté de joie à l'annonce de ma maladie, mais la vie ne s'est pas arrêtée, j'ai juste dû procéder à quelques petits ajustements. À mon premier cancer du sein, j'étais célibataire et sans enfant, j'ai compris que je ne serais jamais mère. Lors de mon hystérectomie (ablation de l'utérus), l'année suivante, l'info s'est confirmée et je me suis en plus demandé, à l'instar d'un des personnages du film *Erin Brockovich* : « Est-on techniquement encore une femme quand on n'a plus de sein et d'utérus ? » Deux ans après, suite à la récidive de mon cancer et à la mammectomie puis reconstruction qui s'est ensuivie, j'ai essayé de résoudre l'équation suivante : la rencontre amoureuse est-elle compatible avec un sein refait ? Voilà pour l'historique. Maintenant, on va voir comment traiter tout ça… comme dirait un oncologue (médecin spécialiste des diagnostics et traitements des cancers).

1

ÇA Y EST,
C'EST MON TOUR

1

Au commencement était la rencontre avec le corps médical

S'il y a bien une chose extra quand vous avez un cancer, c'est la relation avec les médecins. On ne vous traite plus du tout de la même façon, tout se passe comme si vous deveniez vraiment quelqu'un d'important. Ça commence d'ailleurs juste avant qu'on vous l'annonce, je parle de ce dernier moment délicieux où vous ne savez pas encore… mais le médecin si. Moi, par exemple, quand cette radiologue (que j'adore, voir ci-dessous) m'a demandé si je voulais un café en me mettant la main sur l'épaule, ma première réaction a été de me dire : « Bizarre, il est 14 h 20, ça a l'air de lui faire de la peine de penser que je n'ai pas eu le temps de me jeter mon petit crème. » Alors que non.

Non, c'est juste que ça y est, d'un seul coup vous basculez dans la case « longue maladie » et là, le corps médical change, s'humanise terriblement (autre hypothèse : le médecin sait qu'il va être amené à vous revoir souvent et préfère partir sur de bonnes bases).

RÈGLE D'OR N° 1

Si un jour un médecin vous propose un café, ce qui suit n'est en général pas une bonne nouvelle. S'il vous propose une vodka, partez en courant.

D'abord, je dis du bien…

Ma radiologue, Martine M.

Comme chaque année depuis six ans, j'ai rendez-vous pour ma mammographie – ma mère ayant eu un cancer du sein très jeune, j'ai commencé à 34 ans. Ce jour de septembre, après mon passage dans la salle d'attente qui porte très bien son nom, j'entre dans le petit sas de mise à poil du haut puis pénètre dans la pièce à mammo. Je m'approche de la machine à broyer les nichons. (Je n'ai jamais compris les femmes qui refusent de faire cet examen sous prétexte que c'est trop douloureux. On devrait leur poser la question comme ça : « Si tu avais un cancer, tu préférerais ne pas le savoir et mourir ou le savoir et te soigner pour éviter de mourir ? »)

Main droite accrochée en l'air, bras gauche le long du corps, tête tournée vers la gauche… « Ne respirez plus. » « Respirez. » Main gauche accrochée en l'air, bras droit le long du corps, tête tournée vers la droite. « Ne respirez plus. » « Respirez. » « Patientez quelques minutes, le temps que je développe les clichés. »

Mes dernières minutes de ma vie d'avant. Torse nu, les seins pendants, le jean remonté sur les bourrelets (penser à faire un régime), l'angoisse qui commence à monter. La manipulatrice revient dans la pièce et annonce :

— Nous allons refaire des clichés.

— Pppppourquoi ?

J'ai oublié d'un seul coup comment on fabrique de la salive et comment les jambes portent le reste du corps.

— Le médecin a vu une ombre sur un sein et voudrait d'autres images.

C'est la chenille qui redémarre. Main droite accrochée à la barre, bras gauche le long du corps, tête tournée vers la gauche envahie de larmes et des pires idées. Je pense à ma mère. Comment je vais lui dire ? Je conjure le sort : si c'est rien, je veux bien peser dix kilos de plus, je m'en fous, si c'est rien, je bouffe la vie quoi qu'il arrive, si c'est rien, j'arrête de faire des doigts en voiture…

Nouveaux clichés faits, direction la pièce sombre pour l'échographie. Martine M. est là. J'adore cette radiologue. Elle me fait penser à ma mère en plus jeune. Boulotte, un sourire quasi permanent qui dévoile ses dents du bonheur, capable de faire un truc que je ne réussirai jamais : se concentrer sur son écran et parler en même temps littérature.

Aujourd'hui, la conversation sera moins légère. C'est la troisième fois qu'elle me fait une mammo, ça sera la bonne, comme on pourrait dire. Pour l'instant, j'y crois encore. Pendant l'échographie, je ne quitte pas la radiologue des yeux, je guette tous ses mouvements, ses sourcils, sa bouche, son regard… Je suis à l'affût du moindre petit indice à interpréter. Après des dizaines de visites en mode observation extrême, je me demande comment font les médecins pour gérer cette situation. Est-ce que certains n'y pensent même pas et, alors qu'ils sont en train de palper un patient, se demandent tout d'un coup – sourcils convexes et bouche de travers à l'appui – s'ils ont bien fermé la fenêtre du salon avant de partir, ou mieux si leur fils ne se droguerait pas.

Les sourcils de la radiologue sont restés dans le même axe, sa bouche ne s'est pas tordue… Elle me regarde gentiment et me dit qu'elle va chercher sa consœur pour avoir une autre lecture. Je croise les doigts pour qu'à la vue des clichés, la susdite s'exclame : « Dis donc, Martinette, t'es encore bourrée ? Y'a rien d'anormal sur cette mammo ! »

Non, la collègue confirme le doute de ma radiologue (avec un peu de bol, elles sont bourrées toutes les deux). Elles décident de faire une ponction pour une biopsie (c'est fou comme, à l'âge adulte, on peut encore apprendre plein de mots). Elles me parlent de cellule suspecte, ne peuvent pas m'en dire plus, pour cela il faut faire une IRM, prévoir une consultation avec un chirurgien. Elles me demandent si je connais un chirurgien du sein. Euh, là comme ça, non, je ne vois pas. Je repars sonnée avec dans la main le petit flacon contenant mes cellules prélevées. Pour gagner du temps, c'est moi qui vais les déposer à l'anapath[1], j'y fonce en voiture. C'est parti mon kiki.

Mon chirurgien

La semaine suivante, je passe l'IRM. Je sors du tube, je me rhabille, je pars attendre dans la salle d'angoisse (ou angoisser dans la salle d'attente). La radiologue (la même qui m'a fait la mammo) vient me chercher et ne semble

---

1. Nom féminin. L'anatomie pathologique, communément appelée « anapath », est une spécialité médicale peu connue du grand public et pourtant indispensable à la chaîne des soins. L'anapath a un rôle stratégique dans le diagnostic des lésions et leur pronostic. Elle est à la base de beaucoup de décisions thérapeutiques, en particulier dans les cas de cancers.

pas réjouie par ce qu'elle voit. Elle me dit : « Asseyez-vous, vous serez mieux »

RÈGLE D'OR N° 2

Si un médecin pense que vous serez mieux assis pour vous parler, ça n'annonce rien de bon. S'il dit « Allongez-vous », évanouissez-vous tout de suite.

Elle n'emploie toujours pas le mot « cancer » mais a une grosse suspicion quant à cette cellule suspecte qui a l'air de très bien porter son nom. Je quitte le cabinet de radiologie et j'appelle ma gynéco. Je tombe sur sa secrétaire en larmes (moi, pas la secrétaire) qui réussit à comprendre malgré les sanglots que je suis Delphine Apiou et que ça me ferait plaisir que le Dr D. me passe un petit coup de fil. En fin de journée, je suis dans ma voiture, je rentre du boulot (le travail a l'avantage formidable de faire penser à autre chose), c'est l'hiver, il fait nuit, mon portable sonne, je reconnais le fixe du Dr D. Je me gare sur un trottoir pour répondre. Ça fait des années qu'elle me suit et c'est la première fois que je l'appelle en pleurant. Elle me demande ce qui se passe, j'essaye de retenir mes larmes, je lui lis des bribes du compte rendu de l'IRM : « Il y a la lettre T en majuscule, il y a la lettre K en majuscule, en bas, y'a écrit catégorie ACR 4 et la taille de la boule a grossi entre la mammo et l'IRM. » (Les médecins utilisent les lettres T pour « tumeur » et K pour « cancer », certainement pour nous faire moins peur. Les ACR servent à classifier les anomalies en fonction d'un degré de suspicion, ça va de 0 à 5.) Elle m'écoute. J'ose un : « Je ne suis pas médecin mais je sais que ce n'est pas terrible. » Elle me répond que non. Elle me demande où je suis. Si je tiens le coup, si je veux venir la rejoindre et qu'on aille prendre un café (de l'importance du café dans le corps médical). Non, ça va aller. Puis elle m'explique qu'effectivement, il faut voir rapidement un chirurgien. Je note à la loupiote de mon plafonnier sur l'enveloppe de la mammo les trois noms qu'elle me donne. Elle précise : « Si vous pouvez avoir un rendez-vous avec le Dr. J. N. G. c'est mieux, il est extra. » Plus tard, au cours d'une consultation, alors que je la remerciais de m'avoir indiqué ce chirurgien, elle a ajouté : « En plus, il est jeune, il sera là longtemps, si on a encore besoin de lui. » Je me souviens que ça m'avait intriguée ; je ne savais pas que j'aurais souvent besoin de lui.

Le chirurgien extra qui en plus sera là pour longtemps a un agenda très, très rempli, me dit sa secrétaire. Elle prend mon numéro pour me prévenir dès qu'une place se libère. Ça sera dix jours plus tard, un 31 décembre, « Bonne année… ». J'ai ma mammo, mon écho, mon IRM (et mon cancer) sous le bras, lui a une lettre de ma gynéco entre les mains. Il sait déjà que ça pue et va devoir me préparer. Coup de bol, je suis tombée sur un as des trucs durs à dire, ce type a dû faire « annonce » première langue. Il ne prononcera pas le mot « cancer » mais il affirme : « Oui, il y a quelque chose » en regardant les radios. Il marque une pause avant d'ajouter : « Il faut opérer et prélever cette masse pour en savoir plus. » Je me souviens qu'il a pris une feuille blanche avec le logo de l'hôpital, saisi son stylo et a commencé à dessiner. J'ai eu envie de lui demander : « Ben qu'est-ce que tu dessines, Gribouille ? » mais j'ai eu peur qu'il me prenne pour une maboule.

Concentrons-nous sur le dessin. En quelques secondes, il trace un sein en coupe transversale et me détaille ce qu'il va faire pendant l'opération. Il est calme sans être distant, ça me rassure. On dirait qu'il ne s'énerve jamais (mais qui sait, peut-être qu'il lance à ses gosses le soir en rentrant : « Raah, laissez-moi tranquille, j'ai passé la journée à dessiner des nibards (le même à chaque fois en plus), je suis vanné »). On fixe la date de l'intervention : ça sera un mardi, dans trois semaines...

Entre-temps, je pars aux sports d'hiver, c'était prévu et si ça ne m'a pas fait de bien, ça ne m'a pas fait de mal. Alors que je suis en plein virage sur une piste bleue, je sens mon portable vibrer. Je fais un chasse-neige brusque, je jette mon gant pour attraper mon téléphone et je décroche. C'est le chirurgien qui a eu les résultats de l'anapath.

« Des cellules très suspectes ont été décelées. »

Bon, j'ai l'impression que cet homme a du mal avec le mot « cancer », il va falloir que je l'aide :

« OK, c'est un cancer. Et on saura quand pour la suite des traitements, chimio, rayons, ablation du sein ? » Avec le recul, je me dis que j'aurais dû rajouter « mort », mais mon humour n'était pas au top à cette période.

« Nous saurons tout ça dix jours après l'opération, le temps d'analyser ce qu'on aura enlevé », m'informe-t-il.

Je ne sais pas encore pour la suite du programme mais j'ai compris que j'avais bien un cancer dans la mesure où il n'a pas réagi d'un : « Tup, tup, tup, vous allez bien vite en besogne avec le diagnostic, mademoiselle... On ne sait pas encore de quoi il s'agit. » (Quand je vous dis qu'il est fort en annonce.) Je suis toujours en chasse-neige, je range mon portable dans la poche intérieure de ma doudoune, je me baisse pour ramasser mon gant et l'enfiler, je passe la dragonne, pousse sur mes bâtons, remets mes skis bien parallèles comme on me l'a appris quand j'étais petite, mais qui ne me sert plus à rien depuis l'arrivée des paraboliques, je descends en pleurant jusqu'au télésiège. Un ami m'a attendue, mon ami de toujours que j'ai rencontré à l'école maternelle, il monte avec moi en retenant bien le siège pour que je ne le prenne pas dans les mollets, je m'écrase mollement en m'asseyant et je pleure. J'ai un cancer. Il est tout pâle, et ce n'est pas uniquement dû à la réverbération de la neige, il me dit des paroles gentilles et réconfortantes auxquelles il veut croire.

Ça y est, nous sommes trois semaines plus tard. Allongée sur mon petit chariot, sous une grosse couverture, une charlotte sur la tête et des bas de contention aux jambes, je suis au bloc ; enfin, dans le couloir du bloc. J'écoute le moindre bruit, je regarde tout ce que je peux, la tête clouée sur le matelas.

Je reconnais la voix du chirurgien. Je l'entends qui se dirige vers moi. Il est en rose de la casaque (je ne vois pas ses pieds) au bonnet. Peut-être que le rose fait moins peur aux patients que le vert ou le bleu. Il me sourit, pose sa main sur mon épaule, me demande comment je me sens et ajoute :

— Soit c'est précancéreux, soit c'est cancéreux.

Ça y est, il a prononcé le mot. Je comprends que cet homme y va par paliers, il doit être hyperfort en plongée sous-marine.

OK doc, reçu 5 sur 5. Je lui souris à mon tour.

— Allez, on y va ! lance-t-il.

— C'est parti ! confirme l'anesthésiste.

On me pousse jusque dans la salle d'op à la déco très minimaliste, sauf la lampe qui est énorme. Je vois des infirmières entrer, j'entends des bruits de pochettes qu'on ouvre, on me colle des électrodes dans le dos, un embout en plastique sur l'index et l'anesthésiste ajoute un produit à ma perfusion.

Assis sur son petit tabouret, le chirurgien pose sa main sur mon bras sans perfusion : « Fermez les yeux. »

RÈGLE D'OR N° 3

Au bloc au moment de l'anesthésie, n'essayez pas de lutter contre le sommeil : ça ne marche jamais.

Plusieurs heures après, j'ouvre les yeux, je suis complètement dans le pâté, je vois deux grosses têtes au-dessus de moi, le chirurgien et l'anesthésiste, il est 22 h 25 à la grosse horloge de la salle de réveil.

— C'est un cancer, me lance monsieur Annonce.

Puis je suis toute seule, je pleure, l'infirmière dit :

— Il faut pleurer.

Je me rendors, je me réveille, je me rendors, je me réveille… J'entends la vie d'une salle de réveil, un chirurgien qui dit à une dame : « On a pu conserver votre sein », une infirmière qui hausse le ton : « Arrêtez de bouger comme ça, madame, sinon je vous attache ! », un infirmier qui parle fort : « Allez, réveillez-vous monsieur… Monsieur ! Réveillez-vous ! L'opération est finie », une infirmière qui parle à une autre infirmière : « Il est bas, lui ! On va rappeler l'anesthésiste ».

Depuis cette première visite du 31 décembre, je revois souvent le chirurgien puisqu'il est aussi mon oncologue, c'est lui qui décide de mes traitements et les supervise. Je le consulte pour la routine, les révisions des quinze mille et en cas d'anomalie, quand il y a une grosse panne. Il y a eu trois rendez-vous « anomalie » qui n'étaient pas prévus dans le protocole.

Urgence n° 1 : Dix-huit mois après le premier cancer, nuit de règles très, très abondantes, voire hémorragiques. Coup de fil le lendemain matin à la gynéco qui m'envoie par mail une liste d'examens à faire et m'expédie, une fois les résultats obtenus, chez l'as de l'annonce. J'attends mon tour dans la salle d'attente, il y a plusieurs patientes avant moi (on poireaute beaucoup chez l'annonceur). Il sort de son bureau et appelle madame Machin, me voit, me fait un petit signe de tête sympa. Il doit savoir que je ne suis pas dans le créneau des visites (ce qu'on appelle les contrôles). Trois patientes plus tard, c'est à moi. « Ça va ? Qu'est-ce qui se passe ? » OK, il sait que normalement je ne devrais pas être là, c'est confirmé, cet homme a le cerveau en tableau Excel. Il m'écoute, prend tous les résultats (prise de sang, échographie pelvienne…) qu'il lit calmement, pose les feuilles sur la table et lève les yeux vers moi. « Ce n'est pas terrible, tout ça… » Il reregarde les résultats, me reregarde et m'informe de ce qui risque de se passer, si on ne m'enlève pas l'utérus. « Heiiiin ?! » Et il se passera quoi quand je n'aurai plus d'utérus ? On me dira toujours

« madame » ? Il me parle, m'explique que ça ne changera rien « techniquement » à ma vie de femme, que dans la mesure où il me laisse les ovaires (c'est cool, doc), j'aurai encore un cycle menstruel (avec juste quelques gouttes de sang pour les règles). Il vaut mieux ne pas trop tarder pour l'intervention mais si je veux, je prends mon temps pour choisir la date et le rappelle quand j'ai décidé. Un bon annonceur maîtrise les techniques d'amortissement. Je téléphone à sa secrétaire deux jours plus tard, pour confirmer le 5 janvier.

Urgence n° 2 : Quarante-quatre mois après le premier cancer (et vingt-six après l'hystérectomie), je consulte la radiothérapeute pour un contrôle (la routine donc). Discussion et moment ultraprivilégié comme toujours avec cette femme délicieuse, puis palpation. La radiothérapeute s'attarde sur le sein gauche (le cancéreux), me dit : « Je vais vérifier votre mammo », revient, repalpe et dit : « Il y a quelque chose qui n'était pas là avant. Peut-être est-ce la cicatrice qui a bougé, il faut refaire une mammo et une écho pour savoir ». Je vous la fais courte : mammo, biopsie et radiologue (toujours la même) qui ne me demande plus si je connais un chirurgien du sein mais m'invite à le voir très, très rapidement. J'obtiens un rendez-vous dix jours plus tard, le temps pour lui de recevoir les résultats de l'anapath, et pour moi de me rendre pour raisons professionnelles deux jours à New York – où j'ai passé mon après-midi libre à marcher dans Central Park sans pouvoir arrêter mes larmes (« Je vais mourir, je vais mourir ») et mes pas (mes pieds ont fini en sang). Le jour du rendez-vous, je suis à bout de forces, plus d'une semaine que je vis avec l'angoisse de la récidive et la peur de mourir. Toute voûtée sur mon petit fauteuil, les fesses à peine posées sur le rebord, j'ai attendu mon tour très, très longtemps ; j'ai compris ensuite qu'il n'avait pas encore les résultats de l'anapath ; dès que le labo a appelé, il m'a reçue. Je l'ai précédé comme d'habitude pour entrer dans le bureau. Au moment où j'allais m'asseoir, il a dit en se dirigeant vers son siège : « C'est malin ! » Il ne parlait pas d'une de mes blagues pourries. Je me suis affalée, les bras allongés sur la table et la tête dessus. C'est moi qui ai fait l'annonce : « Enlevez-moi le sein. » Ce chirurgien est vraiment extra, il fait tout ce que je veux. Cette récidive n'a pas l'air de le réjouir, il me parle beaucoup, m'explique comment ça va se passer, gère comme il peut mes : « Est-ce que je vais mourir ? Dites-moi si je vais mourir ! » sans répondre nettement car pour l'instant, il n'en sait rien. Moi, pour l'instant, je sais que ce « C'est malin » clair, franc et sans appel m'a fait le plus grand bien, m'a sortie de l'horreur des dix jours d'attente. Ça doit se voir sur mon visage car quand je sors une demi-heure plus tard pour remplir les papiers de l'intervention avec la secrétaire, elle commence par me dire : « Ah, apparemment vous avez eu des bonnes nouvelles. » Un bon annonceur maîtrise le soulagement.

Urgence n° 3 : Cinquante-neuf mois après le premier cancer et quinze après la récidive, j'ai senti une boule dans mon sein. Trois jours après, j'étais en face de lui : « Ce n'est rien, c'est la cicatrice. » Parfois j'ai une bonne note en annonce.

Vu le succès des émissions « Master Chef », « Master Boulanger », « Master Vendeur d'appartements »... on devrait lancer un « Master Toubib » : celui qui fait la plus belle annonce de cancer a gagné. Je suis sûre que mon chirurgien ferait un carton (mais moins qu'il aurait envie d'y participer).

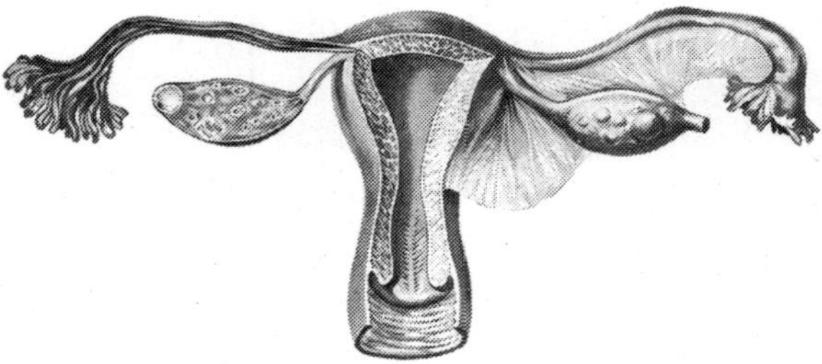

Vue générale d'un utérus

Et dire que le chirurgien m'a vue comme ça…

(Je me demande qui de l'image ou de moi lui vient d'abord en tête quand il entend mon nom.)

Ce qu'il ne faut jamais faire quand on vient d'apprendre qu'on a un cancer

• aller sur Internet et taper : « cancer du sein » (ou autres, mais en général on tape le nom du cancer qu'on a) ;

• le dire à tout le monde (voir chapitre « petit recueil de réactions entendues ») ;

• se remettre à fumer ou à boire (ou les deux) ;

• croire que seuls les traitements à base de poireau sans gluten sont efficaces ;

• penser que c'est de notre faute.

Ensuite, je dis du mal…

La radiologue tête de conne

Intérieur sombre dans une salle de mammographie. La radiologue entre et se dirige vers la patiente torse nu.

La patiente (Moi) : « Ah, j'avais rendez-vous avec Martine M. Vous la remplacez ? »

La radiologue (Elle) : Oui, elle est arrêtée.

Moi : Vous savez quand elle reviendra ? C'est important pour moi de la voir, c'est elle qui a décelé et suivi mon cancer.

Elle (les yeux au ciel) : Oh ça va, passez à autre chose !

Moi (tout sourire) : Vous avez déjà eu un cancer ?

Elle : Non.

Moi : Alors ta gueule.

La secrétaire superstitieuse

Un jour, je téléphone au chirurgien pour prendre rendez-vous. Sa secrétaire décroche, je parcours des yeux mon agenda et lui demande s'il y a de la place vendredi 13.

— Mais non, vous ne pouvez pas prendre rendez-vous vendredi 13.

— Pourquoi ?

— Parce que ça porte malheur !

— En termes de mauvaises nouvelles, j'ai eu ma dose.

— Ça peut toujours être pire.

Ah, on ne saluera jamais assez le bon sens du personnel qualifié.

Le généraliste très (très) psy

Il paraît que les généralistes ont aussi une fonction de confidents. Me sentant donc en confiance lors d'une consultation, je me mets à évoquer un sentiment lourd et douloureux. Je ne suis pas loin d'être persuadée que mon corps, n'ayant pu donner la vie (je n'ai pas d'enfant), donne la mort. En bref, je n'ai pas eu d'enfant donc j'ai des cancers - c'est fou où la logique peut aller se nicher parfois.

Réponse du docteur : « Ah oui, c'est très intéressant la causalité en cancéro… J'ai une patiente dont le bébé est décédé de la mort subite du nourrisson… Eh bien six mois après elle est morte d'un cancer des ovaires. »

(*To do list* : Penser à changer de généraliste.)

L'infirmière qui murmure
à l'oreille des plaies

« Je sens que vos cicatrices envoient des ondes très positives. »

OK, mais sans vouloir jouer les rabat-joie, j'aurais préféré qu'elles passent moins de temps à discuter avec l'infirmière et qu'elles se concentrent plus sur la guérison.

L'infirmière débutante

Juste avant le bloc, elle entre dans ma chambre, prend mon dossier et dit à haute voix :

— Waouh, vous avez une tumeur depuis quatre ans !

— Non, mademoiselle, j'ai eu une tumeur il y a quatre ans, et le mois dernier elle est revenue.

— Et sinon, vous n'êtes pas dans la cardiologie au moins ?

— Non, pourquoi ?

— Parce que j'arrive pas à faire les électrocardiogrammes. Ils sont illisibles et je me fais tout le temps engueuler par le cardiologue. Bougez pas, on va en faire cinq, pour être sûres d'en avoir au moins un de bon.

La généraliste dépressive

« Oh, mais vous savez, aujourd'hui, la médecine a fait des progrès considérables. Ça se soigne très bien, les cancers. On en guérit de plus en plus. Le taux de guérison du cancer du sein est de 75 % maintenant. Je suis sûre, ça va aller. »

Voilà comment j'ai remonté le moral d'une médecin abattue par mon cancer du sein.

L'infirmière maternante

— Elle va se déshabiller, elle va monter sur la table, elle ne va pas s'inquiéter, tout va bien se passer… Allez, elle m'écoute et elle se déshabille.

— Ah ?! Vous me parliez à moi ?! Hé, c'est un cancer que j'ai, pas Alzheimer.

Le médecin que, si je le croise,
je le bute

« Chère Isabelle,

Nous avons eu un truc bizarre au sein (moi le gauche, toi le droit), toutes les deux en même temps. C'était en octobre. Deux semaines plus tard, ma gynéco m'orientait vers un chirurgien. Deux semaines plus tard, ton gynéco te prescrivait des antibiotiques, persuadé que la grosseur et la rougeur de ton sein avaient une origine infectieuse (pour ton téton rentré, je ne sais pas ce qu'il s'est dit, mais je me souviens d'une des premières questions de mon chirurgien : "Est-ce que votre mamelon est rentré à l'intérieur du sein ?"). Un mois plus tard, j'étais opérée. Un mois plus tard, ton gynéco tâtonnait encore et te prescrivait des antidépresseurs contre une éventuelle origine psychosomatique. Tu avais à la place du sein un gyrophare de pompier.

Peu de temps avant que je commence les rayons, tu es allée de toi-même faire une mammo. Le jeune radiologue qui t'a vue t'a demandé depuis combien de temps ton sein était comme ça. Tu lui as raconté, il a écouté, il a pris du temps pour toi et il s'est démené pour t'obtenir un rendez-vous à Curie dans les jours suivants. Quand j'ai commencé les rayons, tu m'as appelée et je me souviens de ta phrase : "Ma cocotte, c'est mon tour." Sauf qu'on n'a pas vraiment eu le même tour. Tu es retournée voir ton gynéco pour lui dire que tu avais un cancer très avancé. Il ne s'est pas excusé et t'a fait payer la consultation. Estomaquée, tu as fait le chèque, je pense que j'aurais fait de même.

Pendant deux ans, tu as enchaîné les chimios sans broncher, sans jamais t'arrêter de travailler. Tu voulais que personne ne le sache. Tu as si bien réussi qu'à l'annonce de ta mort tout le monde a été sur le cul. Ça ne change rien mais je pense souvent à toi. Je sais que tu serais heureuse de savoir que je suis en vie et que je continue de dîner au resto du théâtre du Rond-Point et que tu m'y accompagnes en pensée.

Delphine »

Le kiné gourou

Avant de rencontrer mon génial kiné – qui non seulement m'a débarrassée de toutes mes douleurs et blocages du bras côté sein opéré et m'a ainsi permis de pouvoir à nouveau attraper les verres du haut (ceux à vin) dans le placard suspendu de la cuisine (*to do list* : Écrire à Ikea pour leur suggérer une collection capsule de cuisines pour mammectomisées, je suis sûre que ça ferait un carton) –, j'ai essayé, sur les conseils d'un ami, un kiné de quartier.

J'y vais. Arrivée à l'adresse, je pousse la porte de l'immeuble et grimpe dans les étages, l'odeur forte d'huiles essentielles sur un palier me suggère que c'est là. Bingo. J'entre et m'assieds dans une salle d'attente effectivement très zen. On dirait une succursale de *Nature et découvertes*, bruit d'eau qui coule (plus cascade que chasse d'eau), odeurs mentholées, posters de Bouddha ou Shiva, je ne sais pas les différencier mais en tout cas d'un truc en *a* très calme, et des livres, plein de livres tous sur le même thème. Je me tords le cou pour lire les dos : *Vivre mieux et plus longtemps grâce à la méditation*, *Le Pouvoir de la relaxation*, ou encore *Je laisse parler le thé vert* et *Comment infuser mon corps* (ou l'inverse peut-être) et bien sûr une affiche d'un portable barré.

J'ai à peine le temps de profiter du fauteuil en rotin (Emmanuelle devait être feng shui en fait) que le kiné vient me chercher. Un gars qui, je le sens tout de suite, met un point d'honneur à montrer à quel point il est zen. II a le bonjour aussi énergique qu'un opéré qui vient de remonter du bloc. Je ne sais pas pourquoi mais ce faux calme chez les gens m'a toujours terriblement énervée et donné envie de parler très fort avec les mains en partant dans des rires tonitruants, voire de taper… Un peu comme le thé vert me donne envie d'allumer une clope.

Le monsieur calme en blouse blanche commence par demander ce qui m'amène (« Un bras gonflé et bloqué ») et mes antécédents (« Récemment un sein et un utérus enlevés… Ah oui, et j'ai eu une carie aussi »). Ça y est, mon énervement est enclenché et je ne maîtrise plus rien.

Puis il m'invite à me mettre en culotte et soutien-gorge. Je me déshabille.

Petit aparté : je me demande si tout le monde fait comme moi le matin d'une journée où l'on sait qu'on va finir en culotte (au mieux) devant une tierce personne du corps médical (et encore, pas toutes, parce que si votre dentiste a besoin que vous soyez à moitié à poil pour vous soigner une pulpite, c'est pas normal, hein). Donc ces matins-là, je pense à :

— éviter de mettre une culotte de règles (même si je n'ai plus mes règles à cause du traitement, j'ai gardé mes culottes toutes délavées et distendues en souvenir, je suis une sentimentale) ;

— donner un petit coup de rasoir sous les aisselles et sur le contour des poils pubiens (je ne suis pas une affolée de l'épilation), voire tailler dans la masse afin d'égaliser cette toison qui pousse façon chevelure des Jackson Five.

Revenons à mon kiné de quartier. Une fois déshabillée, je m'avance pour m'allonger sur la table, il m'arrête net et veut d'abord que je marche devant lui (je me demande pourquoi, puisque c'est pour le bras que je viens, mais vous savez ce que c'est, on n'ose jamais rien dire devant l'autorité). Il me regarde mettre un pied devant l'autre avec une concentration extrême avant d'affirmer :

— Vous avez dû avoir beaucoup de fractures du pied gauche.

— Euuuh…. nan, zéro. Pourquoi ?

— Parce que vous n'avez pas les deux jambes dans le même axe.

— Bah, y'a qu'à me donner une ordonnance et je vais aller chez Midas pour un parallélisme.

Le coup de la fracture ne fonctionnant pas, monsieur le kiné va tenter des approches dans un rayon plus féminin. Il démarre sa palpation massage dans un style ultra-concentré, voire habité, il ferme les yeux et souffle comme un double poney. Je suis aussi détendue que Christine Boutin sur un char à la Gay Pride. Ça y est, il se lance dans les diagnostics.

— Je sens un souci au niveau de l'utérus !

Sors de cette blouse, Sherlock Holmes.

— Vous devez avoir de fréquentes migraines ?

Toujours pas, non.

Dernière tentative, il revient à mes pieds, me les tord et annonce, aussi fier et soulagé qu'un chercheur qui viendrait de trouver un vaccin contre le sida :

— Vous avez sûrement subi un traumatisme sexuel dans votre enfance, dont vous ne vous souvenez pas.

Je vous jure qu'il m'a vraiment dit ça. Et il enchaîne, le salopiau :

— Il nous faudra plusieurs séances pour que vous vous sentiez mieux.

Évidemment, je n'y suis jamais retournée et j'ai encore les 60 euros en travers de la gorge. Mais ce qui me rend le plus hystérique (tiens, il a raison, j'ai quand même un truc de fille), c'est que ce genre de saleté de pseudo-soigneur doit arriver à ses fins sur des personnes vulnérables. Et Dieu sait que quand on a un cancer, on est vulnérable.

Puis il y a les autres patients

Je sais que certains patients détestent les salles d'attente à l'hôpital. Moi, j'ai adoré ces moments. On est tous là pour la même chose et avec la même peur de mourir au ventre. Il n'y a plus de jeunes ni de vieux, plus de riches ni de pauvres, plus de beaux ni de laids, que des malchanceux. On voit souvent les mêmes têtes, ceux qui veulent parler et cherchent les autres du regard pour engager la conversation, ceux qui ne lèvent pas la tête de leurs pieds, ceux qui chouinent, qui râlent sur la durée d'attente, ceux qui ont toujours le sourire.

Je me souviens de ce vieux monsieur qui en plus d'un cancer devait avoir Alzheimer car tous les jours, pendant la radiothérapie, je l'entendais demander à sa femme ce qu'ils attendaient et pourquoi il était là. Je me souviens de cette jeune femme qui avait toujours sa perruque de traviole. Je n'avais qu'une envie, c'était de me lever pour la lui remettre dans l'axe. Je me souviens de cette dame élégante qui, choquée, s'est adressée à moi : « Mais vous êtes trop jeune, vous, pour être là, ce n'est pas possible ! » Je me souviens de cet octogénaire que j'ai aidé à se lever et qui m'a dit : « Y'en a marre des traitements, hein ? Venez, on part tous les deux sur une île et on vit de magnifiques derniers moments. » Je me souviens de cet acteur très connu qui, me voyant me brûler avec mon café, a pris mon gobelet pour y rajouter de l'eau froide à la fontaine. Je me souviens que personne ne le regardait avec insistance, ce n'était plus une star mais un malade comme nous tous et ça avait l'air de lui plaire (pas d'être malade, mais d'être comme nous). Je me souviens de cette jeune femme avec qui j'ai discuté, elle avait trente-cinq ans, vivait avec son amoureux depuis quatre ans, ils devaient se marier en juin, elle avait déjà sa robe de mariée (on était en avril), mais son amoureux a disparu de la circulation en mars, trois mois après l'annonce de son cancer, il a même changé de numéro de portable. Je me souviens de cette dame qui refusait d'entrer sans son coussin ergonomique car la table des rayons lui faisait mal au cou, je me souviens que l'infirmière est restée patiente un moment en lui expliquant que c'était impossible avant d'être obligée de lui crier dessus : « Lâchez ce coussin ou je me fâche, madame Barthou ! » Je me souviens que j'ai beaucoup regardé les poissons nager d'un angle à un autre dans le grand aquarium. Je me souviens que le dernier jour des rayons, j'ai gardé ma blouse, que le soir, je l'ai serrée contre moi, et qu'il m'a fallu plusieurs jours avant de la mettre à la poubelle. Je me souviens qu'en sortant de cette dernière séance, j'ai pris ma voiture et j'ai appelé ma mère. Je me souviens qu'un policier m'a vue et m'a arrêtée. Normalement, je suis la reine pour inventer des excuses rocambolesques qui ne marchent jamais. Je me souviens que je lui ai dit la vérité : « Je sors de ma dernière séance de rayons et j'avais besoin de parler à ma mère. » Je me souviens qu'il m'a crue et qu'il m'a répondu : « J'espère que vous êtes guérie, bon, allez-y mais n'appelez plus au volant ! » Je me souviens que je vérifie souvent si le comédien joue encore dans des pièces et des films pour m'assurer qu'il est toujours en vie car de tous ceux que j'ai croisés il y en a certainement qui ont dû mourir.

Et dans la tête des médecins

Ils se disent quoi quand on est en face d'eux ?

Philippe, gynécologue obstétricien
à l'AP-HP

Philippe est un grand gars, la cinquantaine plutôt pas mal, très doux et au sourire tendre très émouvant.

« Quand j'ai fait médecine, il n'y avait pas de cours sur la relation aux patientes, sur la façon de gérer le côté humain. J'ai appris en exerçant… et je me suis amélioré avec le temps. Jeune, j'avais du mal à supporter les patientes que je trouvais exaspérantes. J'ai appris à devenir beaucoup plus tolérant, à moins porter de jugement moral sur les femmes qui venaient me voir. On est là, surtout en tant que chirurgien, pour régler un problème, on doit s'abstenir au maximum de juger les patients. C'est plus ou moins évident. Je me souviens d'une patiente que je reçois pour la première fois et à qui je demande si elle a une activité professionnelle et qui me répond très naturellement : “Non, je profite du système”... Ou d'une autre qu'on m'a adressée pour un problème vaginal et qui me demande si elle doit se déshabiller pour l'examen. Je réponds évidemment un “Oui” neutre alors que je n'ai qu'une envie, c'est de lui dire : “Non, cruchasse, garde ton pantalon, je vais passer mon spéculum à travers.” Comme dans la vie, on sent plus ou moins d'affinités avec nos patientes. Certaines, c'est un plaisir de lire leur nom sur le planning du jour, on est content de les voir. D'autres, moins. Pour ma part, j'ai beaucoup de mal avec celles qui sont en retard et qui ne s'excusent pas, mais le pire, ce sont celles qui ne me font pas confiance, qui doutent. Qui me regardent d'un air dubitatif quand je leur donne mon diagnostic et ce que je recommande de faire et qui lancent : “Je préfère demander un deuxième avis”, sous-entendu : “Mouais, pas sûr que vous soyez très bon comme médecin”. Mais là aussi, j'ai appris à prendre sur moi. Même les connasses, il faut les soigner, et aussi bien que les autres ! »

RÈGLE D'OR N° 4

Quand un médecin parle d'une patiente facile, il ne veut pas dire qu'elle couche mais juste qu'elle est agréable à soigner.

Sophie, oncologue à l'AP-HP

Sophie est une femme d'une quarantaine d'années, jolie, énergique, très énergique.

« Il y a deux catégories de patients qui me gonflent. Les profs et ceux qui me disent d'entrée : "Mon père, ou mon frère, ou ma sœur est médecin." Les profs peuvent pinailler et vous prendre la tête à coups de : "J'ai lu sur Internet que…", ce qui leur donne l'impression d'avoir les connaissances et la pratique de trente-quatre ans de médecine. Ceux qui ont un médecin dans leur entourage vous l'annoncent façon couteau sous la gorge : "Ah, ah si je te dis que mon père est médecin, tu vas moins faire la maligne, hein !" Comme si ça en faisait des patients à part, qu'on ne pouvait pas embobiner… des fois qu'on aurait eu l'idée d'être moins bon avec eux, ou de leur raconter n'importe quoi. Les profs, j'ai envie de leur répondre que je ne vais pas leur apprendre à faire leurs cours, donc merci mais chacun son métier, et les apparentés à des médecins qu'ils n'ont qu'à aller consulter leur père, frère ou sœur. »

2

Comment dire aux autres qu'on a un cancer (et comment ruser pour le cacher)

Ils sont marrants, les médecins, quand ils vous conseillent de ne pas trop parler de votre cancer. Selon eux, ça ne sert à rien et ça évite parfois les ennuis. Mais ils ne se rendent pas bien compte de l'aubaine que représente le fait d'avoir un cancer ! Claironner sa longue maladie, c'est :

— avoir une place assise dans un bus bondé ;

— culpabiliser un mari égoïste ;

— faire bosser à sa place une collègue ;

— s'éviter un dîner pénible ;

— s'éviter un mec pénible…

C'est un boulevard à excuses, le cancer. Franchement, ça sert à quoi de se taper un cancer, si on ne peut pas en profiter un minimum ? Mais ça, c'est dans un monde idéal, car dans la vraie vie, il faut bien reconnaître qu'on ne peut pas parler de son cancer à tout le monde, parce que c'est risqué, difficile et pas sans conséquences.

Celui à qui il faut impérativement le cacher

Je n'aime pas les banquiers. Ça veut toujours vous arnaquer, un banquier. Ça gagne sa vie sur votre dos, un banquier. Manque de pot, j'étais sur le point de m'acheter un appartement, donc de négocier un prêt à la banque, quand le cancer m'est tombé dessus. Et quand vous voyez les taux d'assurance des crédits des gens atteints de cancer, vous comprendrez aisément que pas mal pipeautent sur leur état de santé. Moi, par exemple, j'ai rempli le questionnaire de santé en jurant et signant que tout allait bien à part une petite opération des végétations, qui remonte, bouh, à cent vingt-huit ans, et surtout en veillant à ce que les scotchs et les traces de marqueurs pour les rayons ne se voient pas. Pour en être sûre, j'ai mis un pull à col roulé alors qu'on était en avril. Explication à ceux qui ne connaissent pas les techniques de radiothérapie : pour la préparation, on vous scotche et « feutre » la zone à irradier façon générique de *Nip/Tuck* pour être sûr de taper au bon endroit et pas à côté si possible (soit le cœur dans mon cas). Pour la séance, imaginez une scène d'un *James Bond* : vous passez par une porte épaisse comme un sas de protection nucléaire (d'ailleurs ça doit être ça) pour pénétrer dans une pièce chichement meublée d'une table en métal et d'une grosse machine qui tourne. Sauf que vous ne tombez pas sur un vilain monsieur chauve qui caresse son chat puisque vous êtes seul(e). Allongé(e) sur la table (le métal, c'est froid), vous trouvez la pose : le bassin bien à plat, le bras gauche derrière la tête, le bras droit replié sur le pubis et il ne faut plus bouger, ne pas parler, à peine entrouvrir les narines et la bouche pour respirer et attendre bien tranquillement qu'on vous indique par haut-parleur le lancement du laser. Comptez quelques minutes à raison de cinq séances par semaine pendant un mois et demi.

Revenons à notre banquier. On a beau avoir essayé de planquer les traces de son traitement, il arrive que ça finisse quand même par se voir. Ma copine Véro négocie son emprunt (en mentant sur son état de santé) juste avant de commencer sa chimio. Elle fête l'accord de son prêt et sa première séance de Taxoter au champagne (elle a juste trempé ses lèvres, nausées et champagne ne faisant pas bon ménage). Quelques séances plus tard, chauve donc, elle part un matin, casque sur la tête et perruque dans le sac. Elle se rappelle qu'elle doit déposer un chèque à la banque. Naïve, elle se dit qu'il y en a pour deux minutes et que, ni vu ni connu, elle gardera son casque (un jet, pas un intégral, quand même). C'était sans compter le sas pour pénétrer dans la banque. Elle appuie sur le premier bouton de la porte, qui passe au vert, elle entre et se retrouve coincée dans le sas où elle entend la voix de la guichetière, façon mirador, lui dire : « Pour des raisons de sécurité, veuillez enlever votre casque. Nous n'ouvrirons aucune des portes tant que vous ne l'aurez pas retiré. » Grillée, la Véro.

Ceux à qui c'est quitte ou double d'en parler

Les amis

Il paraît que les coups durs permettent de faire le tri dans ses amis, de savoir sur qui on peut vraiment compter. Oui, d'accord, mais faut pas exagérer quand même, le cancer, c'est pas non plus un physio à l'entrée d'une boîte branchée : « Toi oui, toi non, tu rentres pas. » À part quelques exceptions, les amis restent des amis et assurent. Moi, il y a juste deux copines que je ne vois plus. Une – qui me gonflait déjà – qui est allée raconter qu'en fait je n'avais pas de cancer et que j'avais tout inventé. L'autre, très proche mais certainement pétrifiée par la peur, qui s'est contentée d'un texto : « Tu passes quand tu veux. » Ben, j'veux pas !

Sinon, tous les autres sont toujours là et leurs élans (et leurs maladresses) m'ont fait plus ou moins marrer.

Le texto maladroit de la copine qui veut montrer que la vie continue (alors qu'elle vient d'apprendre par une autre copine ma récidive) : « Dis donc toi, qu'est-ce que j'apprends... tu fais encore ton intéressante ?! Appelle quand tu veux. Bizzz. »

Mon ami d'enfance après ma mammectomie qui cache ses larmes et qui essaye de me faire rire (et qui y arrive) : « Attends, c'est extra, tu vas pouvoir faire plein de trucs géniaux, regarde par exemple le pole dance... ça n'existe pas encore en handisport... Lance-toi, tu vas faire un carton ! »

La vague copine que je vois tous les deux ans, qui se met à m'appeler tous les jours et me propose de venir habiter chez moi...

Mon amie de toujours dont les coups de fil quotidiens commencent tous par : « Et comment va le moral aujourd'hui ? »

La copine flippée qui appelle parce qu'elle a senti une boule dans son sein et veut savoir si ça ressemble à ce que j'ai eu.

Le copain bourrin (que j'adore) : « Vas-y, fais voir tes seins ! Ouais, c'est moche. Mais tu t'en fous, il t'en reste un autre, de nichon. »

La copine « tu peux m'appeler nuit et jour » mais, apparemment, dans l'après-midi ça tombe mal.

Le sublime texto du copain dont la femme a eu une mammectomie : « Hello Delphinette ! Un petit coucou dans ce moment difficile, dont je suis bien placé pour constater qu'on sort plus forte et plus belle encore… Bon courage, je t'embrasse. »

Le message décalé d'une copine (qui m'a valu un éclat de rire à un moment où j'avais perdu le sourire) : « On ne te voit plus aux soirées ! »

Le texto sincère : « Je ne sais pas quoi dire ni ce qu'il faut faire mais je pense à toi. »

Les maris

Chapitre où je vais parler de ce que je ne connais pas (pas pour rien que je suis journaliste) mais de ce que j'ai vu autour de moi, car je ne sais pas si je l'ai déjà dit, mais je n'ai pas de mari.

Les maris qui restent et c'est bien

Ça n'a rien à voir avec le cancer, mais un soir j'ai vu au JT de France 2 un reportage sur une femme de 56 ans qui avait décidé de passer son bac. On la voyait chez elle, en train de réviser, entourée de ses enfants et de son mari. Gros plan sur le mari débordant d'amour, de paroles bienveillantes et d'admiration pour sa femme. J'ai pleuré, émue par cette femme, mais certainement sur moi aussi (qui me soutient, moi, dans mes projets ? avec qui parler d'avenir ?). Difficile de ne pas se dire que la vie est plus facile et agréable quand on a à ses côtés un mari aimant et gentil... sauf que si ça se trouve, le mari, hors antenne, c'est un gros naze. Le genre qui la rabaisse à tout bout du champ à coups de : « Si tu crois que tu vas l'avoir ton bac, ma pov' fille, tu rêves ! » Mais misons que non, ce type est sensas, un vrai soutien de famille. Comme ceux que je vois en consultation en cancéro qui accompagnent toujours leur femme. Souvent, la femme et le mari ne se parlent pas beaucoup dans la salle d'attente, ils font des Sudoku ou lisent le journal, et quand le médecin vient les chercher, ils se lèvent en même temps, disent tous les deux « Bonjour docteur » et assistent à la consultation ensemble. Comme s'ils ne faisaient qu'un face au cancer. J'ai toujours trouvé ça très émouvant. Un jour, si j'ai un mari, j'aimerais qu'il m'accompagne à l'une de mes consultations de contrôle.

Les maris qui restent
mais qui auraient mieux fait de se casser

Deux petits exemples qui en disent long :

1. J'accompagne une copine se faire raser la boule à zéro en prévision de sa chimio. Nous remontons chez elle, son mari est là, il la regarde et lui dit : « Mais pourquoi si court ? Tu sais bien que j'aime les cheveux longs, c'est sexy, les cheveux longs ! » J'ai baissé la tête, regardé mes pieds et remballé mon envie de lui coller un bourre-pif des plus sexy.

2. Dernière séance de chimio lourde d'une copine. Son mari, qui n'était jamais là pendant ses opérations, ses chimios, ses rayons (« Pas de bol, ça tombe en même temps qu'un dossier de boulot hyperimportant »), accepte de venir la chercher à cette dernière séance (toutes les autres, elle rentrait seule et épuisée). Il vient en moto (alors qu'ils ont une voiture), ne monte pas jusqu'à la chambre mais l'appelle d'en bas pour lui dire : « Tu

descends, j'ai la flemme de mettre le cadenas. » La classe, on l'a ou on ne l'a pas.

Les maris qui partent

Il paraît qu'un homme sur cinq quitte sa femme au cours de son cancer du sein. Comme quoi, ça peut avoir du bon d'être une cancéreuse célibataire. Juste pour rire : 21 % des femmes atteintes d'un cancer sont quittées contre 3 % des hommes (étude parue en 2009 dans la revue américaine *Cancer*).

Ceux à qui c'est très douloureux de le dire

L'annoncer à mes parents est une des choses les plus désagréables que j'ai eu à faire dans ma vie (presque aussi difficile que d'informer ma femme de ménage que je ne suis pas contente de son travail).

Je n'ai pas d'enfant (vous commencez à le savoir, non ?) mais je crois qu'un enfant malade, quel que soit son âge, ce n'est pas un truc rigolo pour des parents.

J'ai attendu d'être sûre pour leur en parler. Je me suis tapé toute la farandole des desserts (mammo, biopsie, IRM...) sans leur dire un mot. Ça m'aurait certainement aidée de les avoir à mes côtés, mais je ne supportais pas l'idée de leur faire de la peine. Un médecin très psy à qui j'évoquais mon besoin de les préserver, m'a répondu : « Ce n'est pas votre problème, c'est à eux de gérer. » J'adore.

C'est quand même drôle cette tendance, aujourd'hui, alors qu'on ne parle que d'entraide et de partage ; à la moindre difficulté, le conseil qui sort c'est : « Ne pense qu'à toi, protège-toi. » Exactement comme quand vous avez un pote au fond du trou et qu'autour de vous vous entendez : « Faut qu'il touche le fond, il n'y a que comme ça qu'il pourra remonter » ou, mieux : « On ne peut pas aider quelqu'un qui ne veut pas s'en sortir ». Mais, bref, revenons à mes parents qui n'étaient pas au fond du trou jusqu'à ce que je passe les voir un jeudi en début de matinée.

Je me souviens qu'ils étaient encore en pyjama, et que ma mère s'apprêtait à lancer une machine (toute mon enfance, j'ai entendu : « C'est sale, ça ? ») ; que ma mère s'est arrêtée net avec son paquet de linge dans les bras, que sa tête a changé de couleur et qu'ensuite, elle a répété au moins 98 887 277 fois : « Si ça se trouve, c'est rien » ; que mon père était assis recroquevillé dans son fauteuil, le regard dans le vide et qu'il s'accrochait aux « Si ça se trouve, c'est rien » de ma mère ; que plus tard, à l'hôpital, mon père m'a dit : « Si seulement on pouvait te l'enlever et me le coller à moi, ce cancer ! »

Je me souviens que mon père m'a un jour laissé un message pile au moment même où je passais une IRM (et qu'il n'était pas au courant) : « Ma fille, tu vas bien ? J'ai l'impression que tu as besoin de moi » ; que je l'avais rappelé alors que je marchais hagarde dans la rue, complètement sonnée par ce que venait de me dire la radiologue et que, d'une voix que j'ai voulu la plus enjouée possible, je lui avais dit : « Tout va bien, mon petit papa » ; que ma mère m'a écrit une lettre qui m'a fait pleurer ; que, m'étant installée chez eux après une opération, j'ai entendu ma mère au téléphone dire à je ne sais pas qui : « Oh c'est gentil, mais on ne fait aucun projet en ce moment. On se consacre à notre fille » ; que c'est pour eux que je ne voulais pas mourir (enfin un peu aussi pour moi) ; que je suis en vie ; que ma sœur aînée n'a pas cessé de pleurer, de sangloter en répétant : « Oh, ma sœur ! » ; que ma sœur cadette s'est décomposée lors de ma récidive, et a tout fait pour m'aider à comprendre pourquoi j'avais eu ce cancer afin d'éviter que ça revienne encore ; que Paul, Louise et Gabriel – mes neveux et nièce que j'aime comme mes enfants –, à qui on avait expliqué les choses sans entrer dans les détails, voulaient tout le temps que je les serre dans mes bras ; qu'il n'y a rien de pire que de voir sa famille malheureuse.

Petit recueil d'âneries que vous pouvez entendre après avoir annoncé votre cancer (et ce qu'il faut répondre)

« Ah t'as un cancer du sein ? Comme ma belle-sœur, elle a eu un cancer du sein, après c'est passé partout jusqu'au cerveau et en six mois, paf, c'était plié, elle est morte. »

Ce qu'il faut répondre : « Ta belle-sœur du côté de ton frère ou de ton mari ? »

« C'est pas possible que tu sois si en forme, t'es sûre que c'est un vrai cancer que t'as ? »

Ce qu'il faut répondre : « Non, je l'ai acheté sur le marché de Vintimille en même temps qu'un sac Vonttui. »

« Je suis arrêtée deux semaines, j'ai trop mal au dos. »

Ce qu'il faut répondre : « Et pour un cancer, tu t'arrêterais combien de temps ? »

« Tu te rappelles Sandra ? Eh bien, elle est morte. »

Ce qu'il faut répondre : « Il y aurait moyen de récupérer sa perruque ? »

« Je connais un magnéti-acupuncteur qui pique dans la tumeur et qui la fait disparaître. Tu veux l'adresse ? »

Ce qu'il faut répondre : « J'y vais déjà. »

« Faut que tu sois plus forte que ta tumeur. »

Ce qu'il faut répondre : « Je vais essayer, mais je crois qu'elle a plus d'un tour dans son sac, la coquine. »

« Plus on les a jeune, plus ils sont mortels. »

Ce qu'il faut répondre : « Bon, ben je te dis pas à bientôt… Peut-être qu'on ne se reverra pas. »

« Là, tu tiens, mais tu vas voir, tu vas t'écrouler d'un coup. »

Ce qu'il faut répondre : « Reste avec moi, je sens que je suis en train de m'effondrer. »

« Ne le prends pas mal, mais j'ai l'impression que tu es dans le déni de ton cancer. »

Ce qu'il faut répondre : « Ah bon, j'ai un cancer ? T'es sûr ? »

3

Savoir bien digérer l'info ou plutôt l'effet boomerang des dommages collatéraux

Les médecins savent que l'annonce d'une maladie grave est un choc et que, face à la violence, certains patients amortissent le coup brutal en se protégeant comme le font les enfants, soit par des allers et retours de mains plaquées sur les oreilles en bafouillant « gnin, gnin, gnin, j'entends rien de ce que tu dis ». C'est sans doute pour cette raison qu'à la fin des consultations « annonce » de la maladie, des opérations, des traitements… on vous demande délicatement si vous avez compris ce qu'on vient de vous dire, si vous avez des questions, si vous voulez voir un psy.

Moi, un psy, j'en ai vu pendant pas mal d'années ; que j'avais un cancer, je l'ai assez rapidement intégré ; en revanche, si j'ai bien compris, l'idée c'est aussi que je n'aurai jamais d'enfant ?

C'est en tout cas comme ça que j'ai traduit ce que m'a dit le chirurgien annonceur lors d'une consultation traitement et marche à suivre : « Et... vous ne devez pas tomber enceinte. » J'étais face à lui, je me souviens que j'ai d'abord tourné la tête vers le mur en entendant ces mots, puis que j'ai souri avant de ramener mon regard vers lui. Est-ce que cet homme se rend compte de ce qu'il vient de me dire ? C'est mort, c'est plié, ça y est, c'est maintenant que se confirment les doutes que j'ai depuis des années : je ne serai jamais mère. Bien, bien, bien, je vois qu'il ne me reste qu'une seule solution : faire mon deuil... même si j'ai toujours trouvé cette expression débile et utilisée à tort et à travers.

On a l'impression que les gens passent leur temps à faire leur deuil. Tu t'engueules avec une copine, et il faut faire le deuil de la relation que vous aviez toutes les deux, alors qu'il se peut très bien que ta copine t'ait juste fait un coup de crasse et que donc c'est mieux de ne plus la voir. Mieux, les hommes qui ne veulent pas grandir (les hommes de 33 ans qui prennent du Nesquik au petit déjeuner ou les hommes de 55 qui continuent à faire du skateboard) et qui se justifient (auprès des femmes qui leur reprochent de ne pas s'engager) par un : « Je n'arrive pas à faire le deuil de l'enfant que je ne suis plus. » Mais depuis quand on peut être à la fois adulte et enfant ? En plus, il faudrait leur dire de se dépêcher d'accepter l'idée, parce que passer sans transition d'ado à vieux monsieur, du skate au déambulateur, ça risque d'être violent pour eux. Mais je m'égare, revenons à moi qui ai un vrai deuil à faire… celui de l'enfant que je n'aurai jamais. Il paraît que toute personne confrontée à un deuil passe par différentes phases pour y arriver. Je suis une femme (presque) tout à fait normale, j'ai donc connu presque tous les stades.

Le déni

C'est, je pense, la seule étape que j'aie sautée pour passer directement à la lucidité. Quand le chirurgien m'a annoncé que, « évidemment », je ne devais pas tomber enceinte, je lui aurais bien répondu, en me claquant la paume de la main sur le front : « Raah, purée, je savais bien que j'avais un truc à faire avant le cancer ! », un peu comme si je m'apercevais en revenant des courses que j'avais encore oublié le sel. Mais j'ai su me retenir et certainement m'éviter du même coup de passer pour une dingue. Sans compter qu'au moment de l'annonce j'avais 41 ans, et on ne peut pas dire que l'info soit sur un plan biologique des plus incroyables. Non, je savais déjà très bien que j'étais depuis un moment en double file avec les ovaires en *warning*, mais bon quand même, ce n'est pas une phrase à dire à une nullipare.

La colère

Plusieurs mois après l'annonce (et pour être honnête, je ne suis pas tout à fait encore au point), à chaque fois que je croisais une femme enceinte, je détournais le regard. Il m'était impossible de voir un ventre rond sans penser que je ne connaîtrais jamais ça.

Et, croyez-moi, ça carbure très fort une tête sans enfant qui croise un ventre plein.

Manque de pot, depuis peu, c'est rebelote mais au niveau des seins, cette fois. Je suis à présent dans l'obligation de tourner les yeux devant les poitrines pigeonnantes (je me suis toujours demandé pourquoi on disait « pigeonnantes ». Peut-être parce que ça transforme en un regard les hommes en pigeons ?). Puisque j'ai dû renoncer à la symétrie des deux seins et à l'absence de cicatrices. Heureusement que l'utérus n'est pas visible à l'œil nu, car depuis l'hystérectomie, je passerais mon temps à marcher le regard au sol !

L'acceptation

Peu de temps après cette vive recommandation de ne pas tomber enceinte, j'ai fait plusieurs fois un rêve que je qualifierai de symbolique. J'étais à la maternité et je tenais un nouveau-né dans mes bras. Apparemment, c'était le mien et j'étais aux anges… enfin presque, j'avais quand même un petit doute. Un peu comme quand on tourne des plombes en voiture en cherchant une place, qu'on hurle de joie à la vue d'un emplacement libre, et qu'on se demande en descendant de son auto si ce n'est pas une place réservée aux livraisons.

La suite de mon rêve a démontré que ce nouveau-né était une livraison… Une infirmière tout de blanc vêtue et à l'ancienne, façon nurse dans les films américains, se dirige vers moi, lève les yeux au ciel, me prend le bébé des bras et me lance d'un ton péremptoire : « Mais enfin, vous, ce n'est pas un enfant que vous avez… c'est un cancer ! » Chaque fois que j'ai fait ce rêve, je me suis réveillée entre larmes et nausée, oppressée et très triste. C'est ça, l'acceptation ?

Le soulagement

C'est venu assez rapidement ensuite. Ce cancer et ses conséquences m'ont sortie de la mouise, ont mis fin à plusieurs années douloureuses que connaît toute femme qui voit sa fin procréatrice arriver à grands pas. Ne pas avoir d'enfant et pas de mari sous la main passé 37 ans est une des choses les plus complexes et violentes à vivre. Vous savez que vous n'avez que très peu temps devant vous pour avoir un enfant avant que ça ne soit définitivement plié. Avant que vous ne restiez nullipare toute votre vie. La première fois que j'ai vu ce mot, c'était pour une mammo justement, je ne le connaissais pas. Il est rigolo, ce terme, je ne peux pas m'empêcher de voir « nulle » dedans.

Quand le compte à rebours est enclenché, vous êtes partie pour le grand 8. Vous oscillez en permanence entre l'urgence : « Faut vite que je trouve un mec » et la sagesse : « On peut très bien être heureux sans enfant ». Ces allers et retours sont psychiquement épuisants. Répondre « Non » quand on vous demande si vous avez des enfants est chaque fois comme un coup de poing dans le ventre.

Encore maintenant, je n'aime pas qu'on me pose cette question, enfin plutôt je n'aime pas la réponse que je donne. Je m'efforce de prendre un ton naturel et détaché, comme si on me demandait si j'ai déjà essayé le saut à l'élastique… mais en vrai j'ai toujours la gorge serrée. Ça doit se voir car, en général, les personnes enchaînent très vite sur un autre sujet.

Avant, j'avais toujours droit à « T'as le temps, encore ! », aujourd'hui c'est fini. Pour la plupart d'entre nous, la solution, c'est de rencontrer un homme qu'on aime, qui nous aime et avec qui on ferait un enfant dans les mois qui suivent la rencontre (*To do list* : penser à faire une lettre au Père Noël). Si ça arrive, c'est rare (sans compter que, bizarrement, les hommes ne sont pas archifans des femmes dans l'urgence en ces matières). Peut-être que celles qui sont confrontées à « Faut vite que je trouve un mec » et qui y arrivent ont compris qu'il fallait ne pas attendre la grande histoire d'amour. C'est d'ailleurs peut-être cet espoir d'amour avec un grand A qui met le binz et qui laisse sur le carreau des femmes sans homme et sans enfant comme moi. Je n'ai connu l'amour qu'une fois, mais j'étais trop jeune et pas finie…

Face à l'urgence, il y a celles qui optent pour l'insémination à l'étranger. Avant ça m'horrifiait, aujourd'hui je regrette de ne pas l'avoir fait. Les mères porteuses, je n'en parle pas, ça me fait vomir. Et il y a toutes celles comme moi qui vont opter pour la sagesse : « Mais oui, on peut très bien être heureux sans enfant. »

Petite, j'étais très proche de ma grand-tante Louise, qui n'avait pas eu d'enfant. Une femme géniale, que j'adorais. Le jour de mes 40 ans, j'ai dit à mes parents : « Je serai la nouvelle Louise de la famille » et on a pleuré tous les trois. N'empêche que pour rester agrippées à la sagesse, on a toutes besoin d'un petit coup de pouce. L'autre jour, j'ai entendu une copine sans enfant de 45 ans me dire que c'était écolo de ne pas faire d'enfant car on est trop nombreux sur cette planète qui part en sucette. Ça m'a fait rire, pour ne pas dire que j'ai trouvé ça débile. Moi, ma solution a été le cancer, c'est à cause de mon cancer que je n'aurai pas d'enfant. Est-ce que ce n'est pas encore plus débile ? Je ne sais pas, mais en tout cas ça aide rudement.

12 phrases à ne jamais dire à une femme qui n'a pas eu d'enfant (et qui en voulait)

« Tu ne sais pas la chance que tu as ! »

« Mais comment tu t'es démerdée pour en arriver là ? »

« Les mecs n'aiment pas les femmes sans enfant. »

« C'est surtout pour ta mère que ça doit être dur. »

« Ce n'est pas normal de ne pas avoir d'enfant. »

« Bouh, qu'est-ce que je donnerais pour avoir un ventre comme le tien, qui n'a pas été déformé par les grossesses… »

« En fait, après toi, ça s'arrête ! »

« Je t'envie, t'es libre. »

« Ça doit être atroce, je ne sais pas comment tu peux vivre. »

« Alors moi à ta place, j'aurais pris une mère porteuse. »

« Tu pleures souvent le soir ? »

« Tu ne peux pas comprendre, tu n'as pas eu d'enfant. »

Ce que le cancer m'a appris (petites réflexions métaphysiques d'une nullipare cancéreuse heureuse de vivre)

Il paraît que le cancer rend meilleur. Mon cul ! Le cancer ne fait qu'exacerber ce qui existe déjà chez vous. Un peu comme la vieillesse.

Si vous êtes, comme moi, d'un genre très énervé par les mous, les gens feignants, ceux qui ont du mal à se mettre debout parce qu'ils ont une écharde dans le doigt… autant vous prévenir tout de suite : le cancer n'arrange rien. Au contraire, vous allez devoir faire avec vos fréquentes envies de meurtres. Avant (quand j'avais deux seins et un utérus), je réussissais parfois à me contrôler, me maîtriser. Maintenant, j'ai honte, mais il m'arrive de lâcher ce type de courtoisies :

— Dire dans la queue à la caisse du supermarché : « Et alors depuis quand c'est une maladie d'être enceinte ? »

— Questionner une collègue très lambinette : « T'en as pas marre d'être lente, toi ? »

— Balancer à un(e) employé(e) de la Sécu, de la mutuelle ou autre : « Si j'étais aussi efficace que vous dans mon boulot, ça ferait longtemps que je serais au chômage ! »

— Hurler au volant : « Bouge ton cul ou rentre avec ta caisse dans ta province de ploucs ! »

Si vous êtes aussi, comme moi, du genre à tout tourner en dérision, ça ne s'arrange pas avec le cancer. Au contraire, avec la peur de la mort, vous devenez limite débile. Histoire drôle :

Un médecin reçoit pour la énième fois ce mois-ci un patient hyper hypocondriaque. « Bonjour, je viens de recevoir les résultats de vos analyses et j'ai deux nouvelles pour vous, une bonne et une mauvaise. Je commence par la bonne : vous n'êtes pas hypocondriaque ! »

Si vous êtes comme moi, encline à voir certains bons côtés des choses, il y a des trucs nouveaux que vous découvrez avec le cancer. Et que vous savourez, même. Je fais partie des rares nanas heureuses de vieillir. Bon attention, je ne suis pas non plus décérébrée, je ne me réjouis pas à l'idée que la peau de mes paupières fasse stores vénitiens, ni que le dessous de mes bras pende tellement que de loin on peut me prendre pour une chauve-souris… Mais j'ai tellement eu peur de mourir que je suis contente de pouvoir vieillir.

Si je vieillis, ça veut dire que je suis en vie.

Et surtout, avec un cancer, on comprend enfin cette phrase : « Bah, on s'habitue à tout ! » Et c'est vrai. Je vous jure, avant, je disais très souvent : « Ah non mais attends, moi, je préférerais être morte que de vivre comme ça. » « Comme ça » pouvant aller de deux jambes amputées à un coma profond… Un sein et un utérus en moins plus tard, je crois que mon seuil de « Je préférerais être morte plutôt que… » a beaucoup bougé. Si on m'avait dit que malgré tout ça je trouverais la vie belle, que je me trouverais belle, je ne l'aurais jamais cru. Ça tombe bien, je dois encore trouver un mari…

II

C'EST PAS TOUT ÇA MAIS FAUT QUE JE TROUVE UN MARI

« Oh ça va, passez à autre chose ! » m'avait dit cette délicate radiologue.

Reprendre le cours normal de sa vie, certes, mais, mais, mais… sans faire comme si le cancer n'avait pas existé, ni rester en boucle dessus. La ligne est étroite, je vous l'accorde. En ce qui me concerne, reprendre le cours normal de ma vie signifie continuer à me marrer et accessoirement à espérer rencontrer l'amour, donc un homme – dans la mesure où je suis hétérosexuelle. Le tout avec un nouveau corps.

4

Mon nouveau corps

Donc maintenant mon corps, c'est ça ?

Je me souviens qu'au bloc, avant la mammectomie, j'ai regardé mes seins une dernière fois : « *So long*, les gars, j'ai passé de belles années avec vous. » Je me souviens qu'allongée sur la table, je me suis mise à pleurer doucement, des petites larmes. Une infirmière, que l'anesthésiste venait d'appeler Corinne, m'a pris la main (celle sans branchement), m'a fait une caresse sur la joue et a commencé à me parler pour me faire penser à autre chose. C'est drôle, mais une question aussi simple que : « C'était quand vos dernières vacances ? » juste avant une anesthésie pour qu'on vous enlève un sein, ça fait vraiment penser à autre chose.

Je ne me souviens pas que dans la salle de réveil, j'ai articulé le numéro de portable de ma mère pour que l'infirmière l'appelle et la tranquillise. Elle l'a gentiment fait.

Je me souviens qu'au réveil de la reconstruction, j'étais rassurée par l'énorme pansement qui recouvrait mon sein. Je me souviens que j'ai tenté de décoller les sparadraps et de soulever les gazes pour jeter un coup d'œil. Je me souviens que j'ai vite arrêté.

Je me souviens que j'ai passé les premiers soins la tête en arrière pour être sûre de ne rien voir.

Je me souviens que je demandais à l'infirmier, Bernard, si ce n'était pas trop moche. « Oh non, c'est même très réussi », me répondait-il à chaque fois.

Je me souviens que j'aimais bien la douche des premières semaines. Celle où on ne doit se laver « qu'en bas », celle où il ne faut pas mettre d'eau sur le pansement. Celle où on ne se voit pas entièrement nue.

Je me souviens qu'à la première visite post-opératoire, le chirurgien m'a dit : « Il faut regarder. » J'ai répondu : « D'accord, mais avec vous. » Il a enlevé le pansement, je l'ai regardé, lui, puis j'ai baissé la tête vers mon buste et l'ai relevée aussitôt en lui déclarant : « Ça y est j'ai vu. » Je ne me souviens pas avoir vu quoi que ce soit. Je me souviens qu'il a souri : « Ça prend du temps de s'habituer. »

Je me souviens qu'après m'avoir enlevé les fils, l'infirmière m'a collé un sparadrap blanc à même le sein. Je me souviens que le lendemain j'ai mis trois heures à l'enlever dans une flopée de gros mots.

Je me souviens que l'infirmière qui me faisait les pansements à domicile m'a dit : « Allez, maintenant il faut les faire toute seule, je vous montre. »

Je me souviens que ce n'est pas facile de se nettoyer une plaie, de poser des tulles gras sur les cicatrices et de recouvrir de gazes... sans regarder.

Je ne me souviens plus quand j'ai réussi à regarder.

Je me souviens que j'adorais les petites pinces grises et les vertes aussi pour attraper les gazes stériles.

Je me souviens que j'ai eu le droit de prendre des douches entièrement nue et sans pansement. Je me souviens que je laissais couler l'eau sur mon sein.

Je me souviens qu'un jour, j'ai réussi à toucher mon sein. Avec un gant de toilette d'abord. Maintenant je me savonne tout le corps.

Je me souviens qu'en sortant de la douche, j'évitais le miroir de la salle de bains.

Je me souviens que je me suis regardée découpée par quartiers pendant plusieurs semaines, voire quelques mois.

Je me souviens qu'un jour, je me suis regardée « en entier ».

Je me souviens que je ne savais pas lequel de mes seins était « moi ». Aujourd'hui, j'ai beaucoup d'affection pour ce sein reconstruit.

Je ne me souviens pas de mon corps d'avant.

RÈGLE D'OR N° 5

Pour faire le deuil d'un sein, il faut éviter de le comparer à l'autre (un peu comme dans une famille quand le frère aîné est premier de la classe et que le petit bégaye).

Petit décodage de la brochure qu'on vous remet juste avant les interventions de mammectomie et reconstruction d'un sein

Ce que dit la brochure (= ce qu'il faut comprendre).

Le résultat

La reconstruction par prothèse restaure immédiatement un volume et une forme permettant à la patiente de s'habiller normalement avec un décolleté (= gardez votre soutien-gorge lors des rapports sexuels).

Le but de cette chirurgie est d'apporter une nette amélioration sans toutefois pouvoir prétendre à la perfection (= oubliez votre corps d'avant). *Si vos souhaits sont réalistes* (= le pole dance, faut oublier), *le résultat obtenu devrait vous donner une grande satisfaction* (= comparé à la mort).

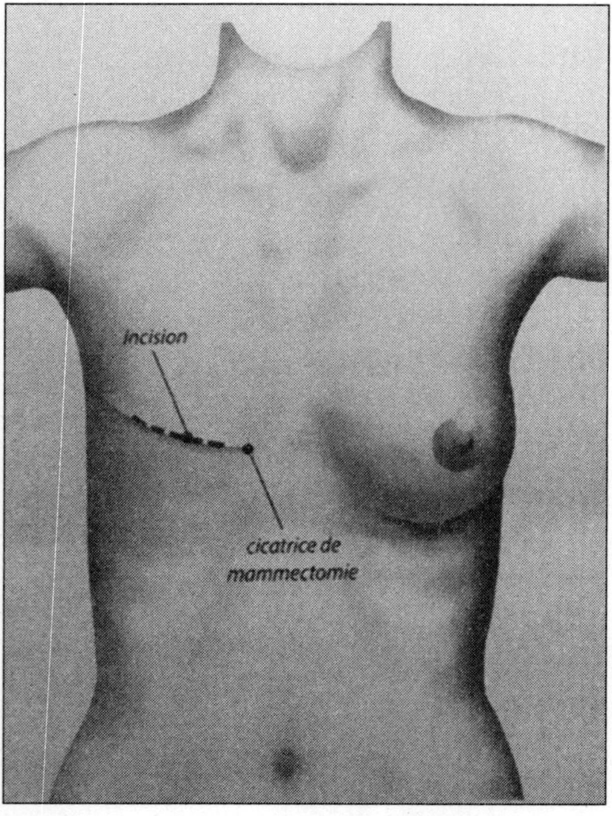

Cicatrice laissée par l'ablation d'un sein

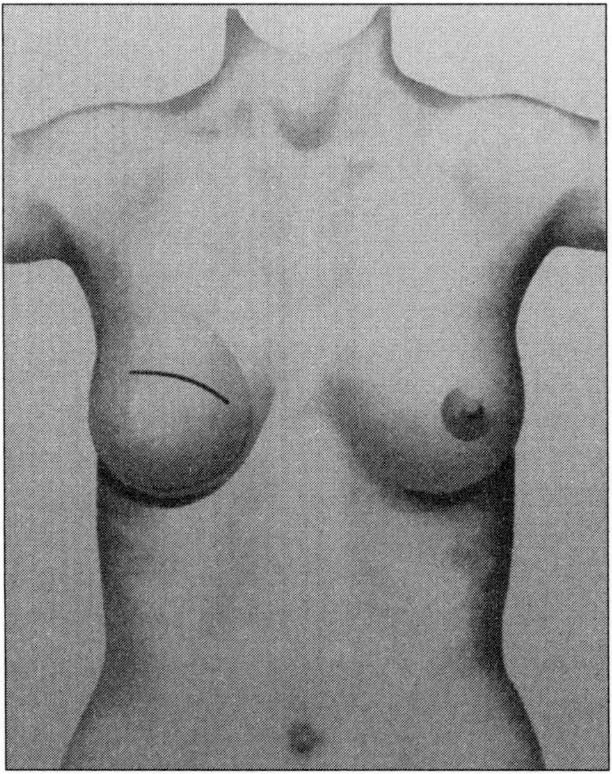

Reconstruction mammaire
avec implantation d'une prothèse permanente

Les imperfections du résultat

Il est malheureusement impossible de reconstituer un sein parfaitement symétrique à l'autre avec une prothèse. Il persistera toujours une certaine asymétrie des deux seins (= vous ne saurez plus lequel est vraiment vous). *La base du sein ne sera jamais parfaitement identique* (= le sein reconstitué part à l'horizontale depuis vos côtes). *En position allongée, la prothèse ne s'étale pas comme le sein normal* (= vous ne pourrez plus vous allonger sur le ventre). *Le sein non opéré subira normalement l'évolution vers la ptôse, accentuant l'asymétrie* (= le nichon refait restera bien perché tandis que le sein clean s'affaissera de plus en plus avec le temps). *La patiente pourra percevoir la prothèse du fait de la faible épaisseur des tissus de recouvrement* (= impression de s'être fait greffer un ballon de rugby).

Je n'ai pas le choix, il faut que je m'y habitue

Si on était entre nous, je soulèverais mon pull pour vous montrer mon sein refait et vous donner un aperçu, mais puisqu'un livre nous sépare (façon de parler car j'espère bien que ce texte nous réunit), je suis dans l'obligation de décrire la chose. La chose est donc reconstruite, remodelée grâce à une prothèse. Sans être d'une laideur confondante, la chose, pour être honnête, n'est pas non plus d'une rare beauté. Le seul truc, c'est que le sein ne ressemble pas beaucoup à celui que vous aviez avant, donc à l'autre que vous avez toujours (allez savoir pourquoi mais les seins ça marche par deux !). Et il présente aussi quelques petites particularités.

Un sein reconstruit :

— est totalement insensible (coup de bol que je ne sois pas sado-maso, sinon je ne sentirais plus du tout les brûlures de cigarettes) ;

— est très rond et assez dur ;

— a une grosse balafre transversale ;

— dispose en général d'un mamelon greffé sans téton apparent mais avec une nuance de couleurs assez unique ;

— ne bouge pas. Enfin, assez bizarrement, en contractant son muscle pectoral qui abrite désormais la prothèse, on peut aisément faire monter et descendre son sein. C'est très marrant, pour un peu on dirait la scène de De Funès sous la douche dans *Le Corniaud*... Dans mon cas, pas sûr que ça soit un atout pour séduire un homme ;

— plaît aux médecins. À tous les médecins ! Devant ma reconstruction, chirurgien, oncologue, gynéco, généraliste... tous sans exception se sont extasiés façon Cristina Cordula : « Ma chériiiiie, avec ce sein en Z tu vas faire un malheuuuuur. » De deux choses l'une, soit ils sont tous déviants du genre à ne triper que sur des seins mammectomisés (*to do list* : penser à draguer dans le corps médical), soit ça participe d'un protocole d'encouragement pour que la patiente ne déprime pas et garde confiance... quitte à la prendre pour une décérébrée. Un médecin devant sa patiente et son sein refait ressemble à un adulte devant un enfant de 5 ans montrant son dessin. « Oh bravo, c'est magnifique... C'est pas possible de dessiner une maison aussi belle !... » « Ah, c'est pas une maison, c'est un bateau ! ouh, qu'il est beau ce bateau. » Peut-être que ça marche parfois, peut-être que c'est moi qui ai tort, peut-être que la vie peut ressembler à un épisode des *Télétubbies* et qu'il suffit de frapper dans les mains et de dodeliner de la tête en chantant : « La, la, la, j'ai des beaux seins et la vie est belle » pour se sentir mieux. En attendant, vous n'imaginez pas le nombre de fois où j'ai eu envie de demander à un homme médecin qui s'extasiait devant mon sein : « Dis donc, doc, si ta femme revenait à la maison avec un sein comme ça... tu serais aussi enthousiaste que maintenant ? » Parce que vous n'allez pas me croire, mais figurez-vous que les seins touchent à l'intimité, au rapport au corps, à la sexualité (oui, rassurez-vous, on y vient), donc au rapport aux hommes.

Les premières personnes qui ont vu mon sein reconstitué

Heidi, flic allemande

Pour mon travail, j'ai dû me rendre deux jours à Berlin avec mon sein à peine mammectomisé-reconstruit. J'avais encore les pansements gras à faire et surtout l'obligation de porter mon soutien-gorge harnais spécial « je maintiens la prothèse en place des fois qu'elle ait l'idée de se glisser vers l'estomac ». Deux jours à faire semblant d'adorer marcher sur les pavés de l'ex-Berlin-Est, de me régaler trois heures à table dans un resto hype, et pour ce qui est de me trémousser dans une boîte techno, je ne vous dis même pas (mon cerveau criait « Vite, un lit ! » tandis que mon sein battait au rythme des *boum boum* électro).

Mais le must a été le retour et le passage sous le portique de l'aéroport. Ça fait *bip bip*, une grosse Allemande aussi prévenante qu'un geôlier nord-coréen me demande de repasser, et re-*bip bip*. Heidi, qui semble avoir forcé sur les anabolisants, s'approche et pose sur moi ses mains protégées par des gants bleus de toucher rectal et son sabre de *Star Wars*. Comme elle y va un peu fort, n'est pas Heidi sous EPO qui veut, je lui dis : « *Calmos, recently I had surgery...* » mais au son de son épée magique qui hurle quand elle touche mon sein, Heidi s'emballe (peut-être croit-elle que j'ai un pain de TNT en guise de poitrine) et appuie de plus en plus fort. Je n'ai qu'une seule solution, tirer sur l'encolure de mon pull et coller Heidi nez (le sien) à sein (le mien). À la vue de ma cicatrice toute fraîche aux faux airs d'une hémorroïde géante (enfin, j'imagine), Heidi devient verte, blanche, rouge et mouline de l'épée en m'ordonnant : « *Go, go, go, you can go !* » *To do list* : penser à dire aux fabricants de soutiens-gorge post-opératoires d'inventer des modèles qui ne bipent pas aux portiques.

Carine, vendeuse de maillots de bain

Mon nouveau sein est l'occasion rêvée de passer au maillot de bain une pièce me suis-je dit (en fait une fois sur la plage avec mes copines, j'ai continué à porter mes deux pièces). Direction un magasin très chic place de la Madeleine à Paris… Je choisis un maillot, me dirige vers la cabine et l'essaye. Je réponds « Oui » au « Je peux ? » de la vendeuse derrière le rideau de velours. Elle me regarde, voit mon sein plus gros que l'autre et ma cicatrice boursouflée qui dépassent largement du maillot, ne montre aucun signe d'étonnement ou de gêne et me dit délicatement : « Je pense avoir des modèles qui vous iraient mieux. »

Laura et Mélo, mes copines

L'été qui suit mon nouveau sein, je loue une maison avec mes copines Laura et Mélo, et leurs enfants. Chaque fois que Roméo ou Ella me bousculent, ils s'arrêtent net en disant : « Oh pardon, oh pardon ! » Leurs mères les ont prévenus avant de partir : « Faites attention, Delphine a eu une opération grave et il ne faut pas taper dans son sein. » Je me demande ce qu'ils ont pu s'imaginer.

Il y a quelques années, on ne se connaissait pas depuis très longtemps, Mélo m'a envoyé un texto qui m'a fait hurler de rire, un lendemain de dîner : « Delf, merci pour les drinks, merci pour les rires, merci pour la discussion, merci pour le dîner... Meeeerde, t'es le mec idéal. »

L'été de mon nouveau sein, un soir où nous sommes encore à table tandis que les enfants regardent *Nanny McPhee 2* sur l'iPad dans leur chambre, on se met à parler du corps. Laura prend un appel sur son portable, un mec qui lui court après et dont elle n'arrive pas à se débarrasser. Avec Mélo, la discussion vient sur mon opération. Naturellement, je soulève ma robe pour lui montrer le travail. « Mais t'as des super beaux seins ! » Je pense que Mélo parle de mon sein pas refait, je réponds : « Oui, c'est dommage, j'aurais mieux fait d'avoir un cancer des fesses. » Elle rit. Laura regarde et, sans lâcher son téléphone, opine de la tête, écarquille les yeux et lève son pouce pour dire super, comme si je venais de passer plusieurs tenues devant elle et qu'elle me signifiait que celle que je venais d'enfiler m'allait vraiment bien. C'est la première fois que je montrais délibérément mon sein à des personnes n'appartenent pas au corps médical.

Jade, masseuse

Bonne résolution de septembre : renouer avec mon corps. Je prends rendez-vous pour un massage. À 12 h 57, je pousse la porte d'un petit salon de quartier à côté du bureau. Trois jeunes filles sont là. À leurs queues-de-cheval hautes, leur French au bout des doigts, leur tee-shirt moulant, leurs fesses rebondies dans leur legging noir et leurs sourcils parfaitement dessinés, je me doute que ce sont des esthéticiennes-masseuses. L'une d'elles me tend la carte des soins. J'opte pour le plus long, une heure et demie, et accessoirement le plus cher, 90 euros, le massage relaxation. « Le massage relaxation s'illustre comme une véritable source de détente. En enlevant les nœuds musculaires et en optimisant la circulation sanguine et lymphatique, il élimine stress et anxiété. » Pile poil ce qu'il me faut.

« C'est Jade qui va s'occuper de vous. » Je suis donc Jade, qui m'invite à pénétrer dans une petite salle à peine éclairée, aux sons de cascades en fond sonore et aux huiles essentielles en fond olfactif. Jade me laisse me déshabiller, enfiler la petite culotte spéciale massage (avec le traitement d'hormonothérapie, j'ai des pertes vaginales, et je flippe d'inonder ce string ficelle en papier). Je grimpe sur la table et me recouvre le corps de la serviette. Jade est à peine entrée que je lui signale que j'ai un sein refait.

Début du massage, l'intensité lumineuse a encore baissé, les arômes de lavande ou citronnelle ou bois de rose s'accentuent quand Jade manipule des flacons et le fond sonore est passé au vent dans les arbres. Je ferme les yeux, Jade commence par faire des pressions sur mon corps, toujours sous la serviette. Début du massage, Jade découvre mes jambes et replie la serviette sur mon ventre, je n'ai que les pattes à l'air (une seule en fait). Je me laisse aller, dix minutes sur la jambe gauche, puis elle la remballe sous la serviette, et dix minutes sur la jambe droite. Ça y est, c'est maintenant. Jade va attaquer le haut. Elle laisse une main sur ma jambe et fait le tour de la table pour se rapprocher du buste (on doit leur apprendre ça aux cours de massage : « Important, il faut toujours rester en contact avec la cliente »). Jade lâche ma jambe, et des deux mains soulève la serviette de mon buste. Je suis envahie par une émotion que je n'arrive pas à contrôler, mes larmes débordent et je ne peux m'arrêter de pleurer, je me vide. Je bredouille des : « Excusez-moi, mais c'est la première fois que quelqu'un me voit toute nue depuis mon opération. » Jade me répond : « Je sais, c'est très intime, vous pouvez pleurer, ça ne me gêne pas, au contraire, ça va vous faire du bien. »

Le soir à la maison, je regarde le JT et le bulletin météo annonce : « Il est tombé en un jour l'équivalent de cinq mois de précipitations. » J'ai pleuré en un quart d'heure l'équivalent de six mois de larmes retenues. Je suis détendue, le massage relaxation a marché, je vais me coucher en me demandant : « Est-ce que je vais pleurer quand (si ?) un homme me verra nue ? »

5

Et je m'y prends comment, avec un sein refait, pour draguer ?

De la trouille qu'un homme me voie nue

C'est une angoisse très forte chez moi. Me mettre toute nue devant un homme, et donc logiquement faire l'amour, avec mon sein reconstitué. J'ai peur de me montrer, j'ai peur de sa réaction et de ma réaction face à sa réaction. Est-ce qu'il y a des hommes capables de partir en courant ? On peut croire que c'est possible, vu l'aptitude de certains à fuir même lorsque la femme a deux seins bien symétriques. Il paraît que c'est parce qu'ils ont peur. C'est drôle, ce truc de la trouille chez les hommes. Serait-ce un alibi ? Il paraît encore que ce sont les femmes indépendantes qui leur font peur. Les femmes qui connaissent la différence entre un salaire brut et un salaire net, qui savent pour qui elles vont voter, qui s'énervent en voiture, qui peuvent dire : « Pas ce soir, j'ai pas envie » ou « Viens par là, toi, ça va être ta fête »… À moins que – et c'est là le fruit d'une mûre réflexion (enrichie d'une étude de terrain) – leur vraie peur soit de ne pas arriver à bander. Car ce n'est pas qu'une femme indépendante ne les excite pas, c'est carrément qu'elle les empêche de bander. L'homme (enfin pas tous, et j'y arrive) est ainsi fait : il bandera toujours pour une cruchasse mais de façon plus aléatoire pour une forte tête.

RÈGLE D'OR N° 6

Pour relativiser une mammectomie, ne jamais oublier que les seins, au départ, ça sert à nourrir les enfants, puis plus tard, les chirurgiens.

Bon, je reviens à moi, j'ai toutes les cases de la femme indépendante plus un sein refait, autant dire qu'il va falloir que je la joue fine pour tomber sur le gars « même pas peur ». Avant de tomber dessus, il faut que j'aie anticipé deux, trois trucs : quand et comment lui dire que j'ai un sein reconstitué ? Ça se dit avant ? Au premier rencard, au huitième ? Peu de temps après la reconstitution (on dirait une scène de crime), une copine m'a dit : « Bon, c'est sûr, les *one shot*, t'oublies ! » (Un *one shot* pour les plus de 35 ans c'est un coup d'un soir, le genre on couche tout de suite et on se demande les numéros voire les prénoms ensuite – ou pas). J'ai failli m'étouffer de rire : la seule fois où j'ai pratiqué le *one shot* avec un homme, c'est parce qu'il ne m'a pas rappelée (là d'accord, je veux bien de l'explication « Je fais peur aux hommes », ça me convient plus que l'idée de ne pas lui avoir plu). Ce n'est pas que je ne veuille pas donner dans l'histoire d'un soir, c'est que je n'y arrive pas, chez moi ça passe d'abord par le langage et le rire avant de libérer le désir (ça peut prendre jusqu'à deux, trois semaines). Cela dit, j'adorerais tellement être une fille *one shot* (et que ça soit bien, sinon ça n'a aucun intérêt). Mais la libération sexuelle n'est pas complètement arrivée jusqu'à moi ! (Et je ne crois pas qu'à mon âge ça puisse changer.) Donc sein refait ou pas, ça ne change rien pour moi en matière de *one shot* et ça m'arrange, même.

N'empêche, revenons à l'annonce. Je pense qu'on écarte tout de suite l'effet : « Je ne préviens pas et je vois ce qui se passe ensuite. » Car si j'attends qu'on se mette à poil pour lui lancer un « Surprise ! » en enlevant mon soutien-gorge, la situation pourrait être embarrassante pour lui : « Heu, pfff, ahh ??!! » et désagréable pour moi : « Oh ! je vois que monsieur n'est pas joueur. » Non, il faut le dire avant, mais comment ?

En tout cas, je croise les doigts pour tomber sur un homme qui me comprenne (et qui me rassure). En fait, la solution ça serait un homme qui a vécu lui aussi des trucs difficiles, même un cancer ça serait super. On n'aurait pas besoin de parler, on se comprendrait d'un battement de cils, on pleurerait d'émotion sans paroles (oui, j'adore les films américains).

9 façons d'annoncer à un homme qu'on a un sein reconstitué

Façon dix-huitième degré. « J'adore *Scarface*, pas toi ? »

Façon je me grille tout de suite. Lui : « Ça te dirait qu'on prenne un verre ? » Moi : « Oui, mais je te préviens j'ai eu un cancer et j'ai une bouée de Zodiac à la place du sein gauche. Alors, tu veux toujours boire un verre ? »

Façon planquée. « Tu pourrais coucher avec une fille qui a un sein refait ? Oui, pas les deux, un seul. »

Façon devinette. Moi : « Il y a un truc chez moi qui n'est pas comme tout le monde, faut que tu trouves, vas-y, pose-moi des questions. » Lui : « T'as une jambe de bois ? » Moi : « Presque, tu chauffes. »

Façon détachée. « Oui, oui on se revoit samedi avec plaisir, ah et au fait, j'ai eu un cancer et j'ai un sein refait, un japonais ça te dit ? »

Façon sexto en lui envoyant un selfie à poil.

Façon indice. « Ouh ! Arrête de me faire rire, ça me tire sur ma prothèse… »

Façon comparative. « Je ne suis pas épilée, mais ce n'est pas ça le pire… »

Façon… je n'en sais rien et finalement je me dis qu'on verra bien.

Mais question : où le rencontrer ? Je verrais bien une solution : un site de rencontres. Au lieu de nous bassiner avec ce site pour célibataires exigeants au prétendu gros cerveau, il serait beaucoup plus intelligent et utile de faire réaliste. Je vois d'ici la pub télé : « Tu veux rencontrer des cancéreux près de chez toi ? Tape 2659 et dis "Chimio". » Moi, par exemple, je pense qu'une prostate, ça peut être bien. Le mec qui bande mou à qui je dois dire : « C'est pas grave », ça m'irait bien. Comment ça, j'ai peur ?

Mais en fait pas tant que ça...

Si je suis très honnête (= à partir de ces lignes, j'arrête de pipeauter), je ne sais pas si mon sein refait a véritablement changé et compliqué mon rapport aux hommes (comme on dit dans la presse féminine ou chez le psy ou quand on est un peu nunuche). La séduction n'a jamais été une donne très fluide et simple chez moi. Je n'ai jamais bien su faire avec la phase d'approche « PNC aux portes ».

J'ai plutôt été du genre à fermer les portes qu'à déverrouiller les toboggans.

Je ne parle pas de se trouver belle ou moche, je n'ai pas de souci avec ça, mes yeux, mon nez, ma bouche sont au bon endroit (dans cet ordre-là) et je ne me suis jamais trouvée particulièrement repoussante. La plupart du temps, ce que je vois dans la glace me plaît même si parfois, j'ai l'impression d'être la mère de Renaud… Être à l'aise avec l'idée de plaire, de séduire un homme m'a pris des années – et une fois que ça a été bon, hop, on m'a mammectomisée et tout est à recommencer. On a beau dire, parfois la vie ça se goupille mal. Mais ce n'est pas tant l'idée de séduire qui me posait problème que de susciter du désir physique et d'en ressentir. Ce n'est pas une petite affaire, ça. Je ne sais pas si de nombreuses femmes le vivent, mais je ne pense pas que la sexualité et le rapport aux hommes (en fait j'aime bien cette phrase) soient une évidence, quelque chose de très mécanique.

Tu nais, ta mère vit le plus gros bouleversement de sa vie, tu grandis, tes seins aussi (ta mère vit le plus gros flip de sa vie), tu penses aux garçons (ton père veut buter tout ce qui a un début de barbe), tu as tes règles (ta mère prononce le mot gynéco comme si elle avait du vomi dans la bouche), tu t'habilles sexy, tu rencontres un garçon, tu couches et c'est bon, et hop, c'est parti pour ta vie de femme. Alors moi, ça ne s'est pas du tout passé comme ça. Enfin, pas complètement. Jusqu'à la naissance si, c'est après que ça s'est gâté. Petite, j'ai essayé très longtemps de faire pipi debout ; moins petite, à chaque fois qu'un truc me dérangeait ou me questionnait (et c'était souvent), je croisais les bras et, l'air très affirmé, je demandais : « Et pourquoi c'est comme ça ? » Plus grande, un bonnet marin bleu marine vissé en permanence sur ma tête était ce que je pouvais faire de plus sexy au niveau vestimentaire. Et presque adulte, je n'ai pas compris tout de suite l'importance du visuel chez mes homologues masculins (maintenant, j'ai saisi que certains hommes fonctionnent tellement au visuel qu'il suffit de mettre une jupe à un lampadaire pour qu'ils draguent le lampadaire). Si je résume, j'ai toujours eu beaucoup, beaucoup de potes avec qui je rigole beaucoup, beaucoup. Si je traduis, chez un psy ou dans la presse féminine, ça s'appelle « de la difficulté d'accepter sa féminité ». OK, mais encore faut-il être sûre qu'il y ait féminité.

Petite, on te dit qu'il faut faire des études, avoir un bon métier plus tard et être indépendante, et quand tu arrives grande, on t'explique que ça fait peur aux hommes et qu'en fait, ça serait mieux si tu étais sexy. Désolée, mais ça réveille la petite fille que j'étais : « Et pourquoi c'est comme ça ? » Pourquoi toutes les femmes ont fini par croire que sexy, c'est mieux qu'autonome, et surtout que les deux ne peuvent pas aller ensemble ? Pourquoi il faut être sexy ? Qui a décrété que c'était une fin en soi de faire bander les hommes ? (Moi, un seul ça me suffit.) Pourquoi les hommes auraient peur des femmes autonomes ? Ils ne seraient pas un peu cons sur ce coup-là ? Pourquoi ils craignent des femmes qui ne leur demanderont pas un centime en cas de divorce et ont la tête qui tourne devant des filles à protéger (qui leur coûtent beaucoup plus cher) ? Je sais bien que les pauvres, ils n'y sont pour rien, que dans l'idée, ils adoreraient mais que c'est plus fort qu'eux, c'est leur virilité qui est en jeu. Je suis sûre que nous, femmes, ne soupçonnons pas à quel point c'est compliqué d'avoir à gérer un pénis. Une petite chose fragile les fera (pas tous) toujours plus bander qu'une femme qui s'assume et qui a besoin d'eux pour rire, parler, mais pas pour payer le loyer. C'est bête pour moi... J'ai continué de croire ce qu'on m'a raconté quand j'étais petite et j'aurais tellement aimé être grande dans un monde où on se serait extasié ainsi sur une femme : « Waouh, qu'est-ce qu'elle est autonome ! »

Vous imaginez, si au lieu de dire « sexy » on disait « autonome » ?

« Je ne connais pas un mec qui ne la trouve pas autonome. »

« Oui d'accord, elle est autonome... mais elle en joue beaucoup quand même ! »

« Pour la Saint-Valentin, offrez-lui des dessous ultra-autonomes. » (Je ne suis pas sûre de celle-là...)

« J'aurais adoré être hyperautonome. »

« Tu m'étonnes qu'elle l'a eu le boulot, t'as vu comme elle est autonome ! »

« C'est beaucoup plus facile d'être autonome à 25 ans qu'à 50. »

« Être autonome, c'est surtout dans la tête. »

« Elle ne fait même pas d'efforts pour être autonome, elle est née comme ça. »

« Oui, je n'ai pas honte de le dire : je préfère les filles autonomes. »

« Il y a autonome et autonome ! »

« C'est surtout quand elle parle qu'elle est autonome. »

« L'autonome attitude, tu l'as ou tu ne l'as pas. »

« Tu crois qu'on peut devenir autonome si, à la base, on ne l'est pas du tout ? »

« Il n'y a pas d'âge pour être autonome. »

« C'est pas humain d'être autonome comme ça. »

Je pense que ça ferait l'affaire de beaucoup de femmes. En tout cas, ça ferait mon affaire. Car pour accepter ma féminité, j'ai dû admettre que j'étais une autonome viscérale, que plaire aux hommes n'était pas une priorité mais que ça ne pouvait pas m'empêcher de séduire et encore moins de croire à l'amour… Dit comme ça, ça a l'air simple, pourtant dans la vraie vie, il m'a fallu des années pour y parvenir. Bien que parfois, j'aie des petites rechutes ; exemple, il m'arrive de me dire qu'il faudrait que je sois un peu plus mystérieuse (dans un cadre de séduction évidemment). J'ai beau essayer de prendre un air évaporé et de jouer des sourcils, au mieux je passe pour une fille épileptique. Je suis tellement transparente qu'il suffit de me mettre à contre-jour pour me faire une radio des poumons.

Tout ça pour dire qu'un sein refait est une atteinte au corps et à la féminité ; cependant, quand on n'a pas tout misé sur le corps et la féminité, ça aide. Cela dit, faut quand même y aller, c'est parti (ou presque).

Donc j'y vais... d'abord doucement[1]

Mes rencontres masculines (à défaut de dire amoureuses) depuis ma mammectomie, dans l'ordre d'apparition sur scène.

1. Je ne couche pas.

Jean-Bernard[1]

Trois mois après l'opération (je sais que certains sont habitués à dater les années après la naissance de Jésus-Christ ; moi, c'est à partir de « l'opération »), je suis invitée à une grosse fête chez une copine, ambiance guacamole, bouteilles de champagne dans la baignoire, sono à fond et tout le monde qui se lève pour danser les bras en l'air aux premières notes de « On va s'aimer » de Gilbert Montagné. Je suis surexcitée, c'est ma première sortie retour à la vie. Je mets une jupe crayon bleu, des escarpins et un tee-shirt noir (sans oublier le soutien-gorge qui serre pour maintenir mes seins à la même hauteur). Je ris, je parle fort, je danse, je bois, je m'amuse.

On me présente Jean-Bernard, nous discutons, nous rions, nous dansons, nous discutons séparément avec d'autres, nous rions avec d'autres, nous dansons avec d'autres mais nos regards ne cessent de se croiser. On

1. Le prénom a été changé, en vrai il s'appelle Chris.

se croirait dans *La Boum*. J-B gère ce passage difficile qui consiste à rerentrer en contact avec l'autre, une fois que l'attirance est là. Il vient directement vers moi et me pose des questions sur moi, mon travail. Plaire à cet homme me met aux anges, je ne pense pas à mon sein. Je profite de ce moment, puis c'est l'heure de rentrer et J-B propose que nous partagions un taxi. Je lui souris et lui fais signe que non de la tête, un non qui ne refuse pas seulement le taxi. J-B hausse les épaules, sourit et s'en va. J'ai passé une soirée délicieuse.

Marco

Ça fait longtemps que je connais Marco. Ça fait longtemps qu'on se tourne autour, comme on dit. On a passé deux soirées (jusqu'à 6 heures du matin) tous les deux à discuter, une fois dans ma voiture, une fois dans un bar ouvert toute la nuit. Je me sens bien avec lui, il me plaît et je lui plais. Ça pourrait s'arrêter là, ou plutôt commencer là, mais non. Un vendredi soir, après un dîner chez des amis communs, nous rentrons tous les deux, je raccompagne Marco. Sur le trajet, c'est lui qui se lance (je suis de toute façon incapable d'amorcer quoi que ce soit avec un homme, j'ai besoin d'être rassurée sur son désir pour y aller).

00 h 32 intérieur nuit dans la voiture
Lui : Il y a un truc fort entre nous, hein ?
Moi : Oui.

00 h 50 intérieur nuit dans la voiture
Lui : Je pense très très souvent à toi.
Moi : Moi aussi. (J'y vais, mais toujours doucement.)

1 h 20 intérieur nuit dans la voiture
Lui : Je sais que tu viens de vivre des trucs pas cool.
Moi : Oui. (Intérieurement : « C'est lui le bon, il sait déjà, je n'ai pas à lui annoncer que mon sein ressemble à un pamplemousse oublié dans le frigo.)

1 h 40 extérieur nuit sur le trottoir
Lui : On se revoit ce week-end ?
Moi : D'accord, tu m'appelles ?

Samedi, pas d'appel. Dimanche, un texto assez éloigné d'une demande en mariage :

« Excuse-moi, j'ai honte mais en fait je viens de rencontrer une fille et on est ensemble. » (Quoi, entre avant-hier et aujourd'hui ?) « Je crois que j'avais trop bu vendredi soir. »

Sur le coup, je l'aurais bien satellisé, mais maintenant, ça me fait toujours plaisir quand je le revois. Quelques mois après l'incident et toujours après un dîner (où je ne l'ai pas raccompagné, faut dire qu'il était accompagné), il m'a envoyé un texto : « Ça m'a fait plaisir de te voir, ne change rien, tu es une fille super. »

Ça nous a fait du bien, à moi et à mon sein.

Barnabé

Ça faisait des années que j'entendais parler de Barnabé, un très bon ami d'une très bonne amie. Un jour, on se rencontre, le courant passe et le soir même Barnabé m'écrit un texto dans les codes de séduction, soit une phrase avec points d'exclamation (manifestation de l'attirance) : « Quelle bonne soirée ! Je suis très content de t'avoir rencontrée ! » (j'ai quand même eu deux points d'exclamation) et un point d'interrogation (vérification que l'attirance est partagée) : « On se revoit bientôt j'espère ? » Le décodage de textos est un truc que j'adore faire (surtout ceux que mes copines reçoivent, j'ai un diplôme en interprétation des points de suspension).

C'est mon sein qui a répondu au texto : « Coucou Barnabé, oui c'était une super soirée, c'est toujours bien de se faire de nouveaux amis. À très bientôt à l'occasion. » *No comment*, comme on dit sur CNN. Voir la femme qui sommeille derrière ce sein refait.

Gontrand

J'ai rencontré Gontrand au resto. Je devais dîner avec un ami qui deux heures avant que l'on se retrouve m'appelle pour me dire qu'un copain qui n'est pas dans une période euphorique se joint à nous ce soir. Ça ne me dérange pas ? Non, bien sûr.

Je suis déjà attablée quand Gontrand nous rejoint. Je le vois se diriger vers moi et je me dis « Non ». Tous les célibataires font ça : un premier coup d'œil pour juger du potentiel attirance d'un nouvel arrivage. Il paraît qu'il nous faut deux secondes pour savoir si quelqu'un nous plaît ou non.

Gontrand ressemble à Jean-Pierre Raffarin – pas du tout mon genre – et a un sourire des plus avenants. Après un quart d'heure de discussion (je ne pense pas du tout à mon sein), je mesure que le sourire est à la hauteur de la gentillesse de ce garçon. Gontrand est un homme bienveillant, à la limite de la naïveté. Il est en plein divorce violent. Sa future ex-femme l'accuse de harcèlement, d'être dans l'incapacité de s'occuper de leur fils de 6 ans, donc refuse la garde alternée et accessoirement demande à conserver la grande maison qu'ils ont achetée l'an dernier. Gontrand ne comprend pas, ne reconnaît pas sa femme, ne va pas bien, prend pour la première fois de sa vie des anxiolytiques.

Une semaine après le resto, il me propose de prendre un verre. J'accepte, alors que je sais très bien que Gontrand ne me plaît pas. Pour me donner bonne conscience, je me dis que nous sommes sur un terrain amical, que je ne laisse rien accroire à cet homme puisque je lui parle comme à un pote d'enfance (= sur un mode asexué), bref n'importe quoi. Nous prenons un verre, dînons ensemble. Gontrand ne parle que de son divorce et cherche à comprendre comment « ça a pu lui arriver à lui ». Je l'aide à trouver des pistes de compréhension (mon rôle de coach « Comment bien gérer sa rupture pour mieux vivre la suite » me donne à nouveau bonne conscience).

J'accepte un autre dîner quinze jours plus tard et ça devient compliqué d'apaiser ma conscience. Je mets les pieds (et je sais que je ne mettrai rien d'autre) dans une relation dont il va être difficile de sortir. Au cours du dîner, je parle beaucoup de ma mammectomie, Gontrand écoute, me pose des questions et ne semble pas du tout effrayé par l'idée de mon sein. Si la vie avait été mieux faite (et si Jean-Pierre Raffarin avait été mon genre d'homme), cette histoire aurait été magnifique, émouvante, la magie d'une rencontre de deux blessures qui se comprennent. En vrai, j'ai dû faire de la peine à Gontrand, il a, à raison, dû penser que je n'étais vraiment pas claire. Il m'a récemment donné de ses nouvelles : sa femme a été déboutée de toutes ses demandes, il n'est pas harceleur, il a son fils une semaine sur deux et garde sa maison (moyennant un chèque à son ex).

Quand faut y aller, faut y aller !

Je le sens, je suis prête. Le meilleur parfois n'est pas de vivre les moments mais de se les raconter entre copines après. Je pense qu'on est capable de se dire : « OK, je couche avec lui mais c'est uniquement pour te raconter ensuite parce que sinon je n'en ai pas vraiment envie. » De la même façon, je suis décidée à coucher pour le raconter dans ce livre.

Coucher, oui, mais avec qui ? Je ne vois qu'une seule option potentiellement intéressée. Un homme avec qui je suis amenée à travailler de temps en temps, qui rougit quand il me voit, m'a fait deux mails à double voire triple interprétation et dont une collègue m'a dit : « C'est dingue l'effet que tu lui fais. » Sûre de mon (futur) coup, je fonce. À la fin d'un après-midi de boulot, je lui propose d'aller prendre un verre, il refuse. Comme toute fille qui se respecte, je me dis qu'il a vraiment une obligation et que ce n'est que partie remise. Quelques jours après, je finis donc un mail boulot par un : « À bientôt pour un resto ensemble », auquel il ne répond que sur le boulot. Voilà, voilà. Soit il a croisé Rihanna et a changé d'avis me concernant, soit mon décodeur « rencontre potentielle » est complètement cassé. Quoi qu'il en soit, je n'ai personne avec qui coucher. « Si c'est pas malheureux, une belle fille comme ça ! » (comme me disait ma grand-mère). Rien, nib, walou, pas d'amoureux en vue (c'est stupide de mettre un X à amoureux parce que bien souvent un seul ça suffit). Je suis triste, j'ai peur que ça reste comme ça jusqu'à la fin de mes jours.

Je suis vulnérable et c'est dans cet état d'esprit que je vais boire un verre avec un type que je ne connais pas bien, et uniquement dans le boulot (quand on dit que 80 % des rencontres se font sur le lieu de travail), mais que j'apprécie beaucoup. On s'attable et on commande du rouge. Premier verre, on parle de nos projets de boulot, deuxième verre, on rigole sur les abrutis dans le boulot, troisième verre, on passe à sa séparation, quatrième on en est à son ex la pute qui le fait chier sur la garde alternée, cinquième verre je pleure, sixième verre, lui : « Il faut que je te fasse une confidence : hips, j'ai eu un cancer et je n'ai qu'une couille. » Moi, pétée de rire (et pétée tout court) : « Hiiiips, mais c'est géniaaaaal (un *a* de plus à "génial" et je vomis), moi je n'ai qu'un sein. » Septième verre : « Qu'un sein et qu'une couille sont dans un bateau... wouaaarf », on est ivres morts de rire. Moi : « Hé, hé, dis-moi franchement, t'es un homme, je fais comment avec mon sein en moins pour trouver un mec ? » Lui : « T'es mal barréééééeeee, 99 % des hommes vont partir en courant, je le sais, j'en suis un ! En tout cas, ne leur fais pas la surprise, hein, dis-le avant parce que sinon ils vont pas aimer. » Malgré ces mauvaises nouvelles (les 99 % de mecs, pas son cancer), j'ai passé une soirée magnifique avec ce Matthieu.

Mais le lendemain matin au réveil le constat est rude : 1 % d'hommes qui ne vont pas partir en courant, ça fait peu. Alors j'ai pris les choses en main.

Ce que j'aurais adoré vous raconter

Ça aurait commencé comme ça : et dire que je ne voulais pas me rendre à ce dîner. (*To do list* : Penser à me faire inviter à dîner. Car je ne sais pas si vous avez remarqué ce phénomène très étrange : dès que vous troquez votre statut de couple contre celui de célibataire, plus personne ne pense à vous inviter. *To do list 2* : Ne jamais faire pareil en cas de changement de statut.) Donc, je vais à cette soirée où je connais pratiquement tout le monde sauf le copain d'un copain convié à la dernière minute. (Ce qu'on ne manquera évidemment pas de raconter et reraconter dans la mythologie de notre couple. « Ils ont failli ne jamais se rencontrer. Elle était sur le point d'annuler et lui n'était pas prévu. Il croyait que le soir même il dînait chez les Gouldrune qui, eux, n'avaient pas oublié qu'ils se rendaient chez les Berthier et du coup, ils l'ont embarqué. À quoi ça tient, les rencontres… »)

Donc, j'arrive à ce dîner : « Bonjour, comment tu vas ? » « Bonjour, t'as bonne mine. » « Merci, du blanc (variante des fleurs), fallait pas ! » « Tu rigoles, c'est rien. » Sur le ton des présentations : « Antoine, Delphine », « Delphine, Antoine » (Antoine car, à choisir, je préfère autant éviter un Alain-Kévin). Il est dans ma tranche d'âge, il me sourit, il a des dents, il est brun (la couleur, ce n'est pas grave, mais des cheveux, c'est mieux). On passe à table, on se retrouve côte à côte naturellement et on parle. Antoine semble apprécier mes propos, il comprend ce que je dis, il rit et ça lui plaît (rien que de savoir que je lui plais, il me plaît). Très important, je ne sais pas ce qu'il fait comme boulot mais il adore son travail, et il est aussi calme que je suis agitée. Fin du dîner, on quitte nos hôtes ensemble et là, j'hésite. Soit on se dit « au revoir, à bientôt » et il demande ensuite mon numéro, soit on prolonge la soirée en discutant en bas de l'immeuble et il me demande mon numéro.

Il m'appelle deux jours plus tard. Il m'appelle, il ne me fait pas de texto (et s'il en fait un, il l'écrit avec des vrais mots et toutes leurs lettres sans émoticône). « Ça t'arrive de déjeuner ? » demande-t-il. J'aime bien ça, c'est rigolo. On déjeune et on parle, on parle, on parle et forcément à un moment on couche. Prise dans le tourbillon de la rencontre, j'ai oublié de vous dire que je lui ai raconté mon sein et que c'est passé comme une lettre à la poste (soit, avec du retard : sur le moment il n'a rien dit, mais m'en a reparlé plusieurs jours après).

Comment vous décrire la coucherie ? Il n'y a pas de mots pour ce festival de tendresse, de sensualité et de compréhension mutuelle. Un de ces moments qui vous font vous sentir exister, qui donnent sens au pourquoi de votre présence sur terre. Ses gestes sont tendres, les miens aussi, je pleure beaucoup, il me serre dans ses bras. Sans dire un mot, on parvient à se parler, par le regard on arrive à se donner une force incroyable (Florent Pagny, si tu veux ces phrases pour une prochaine chanson, prends, c'est cadeau). C'est beau, c'est sincère, c'est toute la puissance de l'amour entre un homme et une femme. Et hop, je suis en couple. Ça vous a plu ? Aucune importance parce que…

En vrai, ça s'est en fait passé comme ça

Et dans un scénario d'un (mauvais) film ça prendrait cette forme :

Scène 1

Le soir, dans un salon, une femme et un homme sont assis sur le canapé, une bouteille de blanc, deux verres à moitié remplis, un bol de pistaches (très peu salées) sur la table basse.

Elle (évitant de le regarder) : Je ne sais pas comment te le dire, c'est très délicat, mais on se connaît depuis si longtemps… et il n'y a qu'à toi que je peux demander ça… Je voudrais que tu me rendes un service.

Lui (souriant et la regardant) : Quoi ?

Elle (elle attrape son verre qu'elle tient à deux mains et baisse le regard vers le sol – une très jolie peau de bête) : Je voudrais que tu couches avec moi.

Lui : Qu'est-ce que tu entends par coucher ?

(Quand on dit que les hommes sautent sur tout ce qui je bouge, je me demande si je remue assez…)

Elle : Faire l'amour.

Lui : Il boit de longues gorgées de vin et affiche un sourire aussi naturel que celui de Joker dans Batman.

Scène 2 (une heure et trois semaines après)

Dans une chambre à coucher, l'homme et la femme sont au lit. Lui au-dessus, elle en dessous.

Lui : Ça va ? Tu fais une drôle de tête.

Elle : Non, non, ça va, continue.

Lui : T'es sûre ?

Elle (intérieurement) : Vite, pitié, qu'on en finisse.

Lui : Tu crois pas que tu devrais mettre de la vaseline ?

Elle : En fait, on va arrêter !

Désolée, j'interromps cette scène et ce coït car je suis dans l'obligation de m'attarder un instant sur la sécheresse vaginale. Quand on a un cancer, puis un deuxième cancer hormono-dépendant (pour ceux qui n'ont pas encore eu de cancer, ça veut dire dépendant des hormones), on vous prescrit un petit traitement pour bloquer vos cycles menstruels. Ce sont les termes mignons qu'emploient les médecins pour dire : « On va vous ménopauser par piquouzes. » Bienvenue prématurément dans le troisième âge ; l'étape d'après, c'est un Polident et au lit (avec alèse).

Je ne sais pas qui a inventé la ménopause, mais ce n'est pas très malin. Même si, coup de chance pour ma part, je n'ai eu aucune bouffée de chaleur ni saute d'humeur (pas plus que d'habitude) ; j'ai découvert en revanche les joies de la sécheresse vaginale, si. Si vous n'êtes pas au courant, sachez qu'il est difficile de déceler les symptômes en dehors des fois où vous utilisez votre vagin. Mais là pas de panique, vous saurez tout de suite : car vous aurez la très surprenante, indescriptible et très nouvelle sensation qu'on vous ponce les muqueuses au papier de verre (gros grain).

RÈGLE D'OR N° 7

Il paraît que les hommes sautent sur tout ce qui bouge, vaut mieux savoir alors qu'un sein reconstruit ne remue plus beaucoup.

Revenons à la scène du lit, car je sens bien que la brève description ne vous a pas suffit, qu'il vous faut plus, si ce n'est de croustillant, au moins de détails un peu pratiques. D'accord, je m'exécute (maman, ne lis pas ce qui suit). Mon ami « le seul à qui je peux demander ça » est un homme qui ne parle pas beaucoup, qui ne sait pas exprimer ce qu'il ressent et encore moins ses sentiments. Très gentil, mais avec un caractère d'ours constipé, mon ami « le seul à qui je peux demander ça » est ce que l'on appelle un célibataire endurci (lui, il a carrément de la corne). Je ne lui ai pratiquement jamais connu de nana et vu le nombre d'années qu'il a passées seul, je me dis qu'il y a un loup, anguille sous roche, brebis galeuse et mouton noir dans le troupeau. Franchement, quelqu'un qui reste aussi longtemps sans histoires amoureuses, c'est qu'il y a forcément un truc qui cloche. Quoi, moi ? Ah non, les autres oui, mais moi, rien à voir. Bref, revenons à nos nichons. Du genre donc à être indécis à la fin d'un repas quand on lui demande s'il veut encore un café et à prendre trois jours de réflexion si on lui propose un ciné, il n'a pas répondu tout de suite quand je lui ai chanté « Voulez-vous coucher avec moi ce soir ? ». Ce n'est que plusieurs semaines après alors que nous dînions dans un resto grec que j'ai compris que son « C'est d'accord » concernait ma demande sexuelle et non pas son consentement quant à mon désir exprimé deux secondes avant à voix haute : « Je reprendrais bien de la moussaka. »

« C'est d'accord » = après le resto, on rentre tous les deux chez moi et en voiture Simone. Tout ça sans en parler ni se dire un mot et heureusement, car sinon ce chapitre serait presque banal. Arrivés à la maison, on se regarde, on se sourit, gênés. Je dis : « Je vais prendre une douche. » Oui, déjà que je suis asymétrique mammaire, si en plus je ne sens pas bon, faudra que je pense sérieusement à m'offrir des services tarifés. (Pour l'instant, c'est gratuit, à part le prix de l'eau car lui aussi a décidé de se laver.) Le temps de sa douche, je me prépare à l'américaine. J'ai lu quelque part que les Américaines gardaient leur soutien-gorge pendant l'amour, je décide que j'adore cette tendance et je l'adopte pour ma première fois avec mon nouveau sein. Le soutien-gorge est joli, évocateur sans être vulgaire, couleur chair, en fine dentelle qui ne grattouille pas, autant dire tout moi. Et la culotte est évidemment assortie. Je suis dans le lit, mon ami « le seul à qui je peux demander ça » me rejoint en caleçon simple, détendu sans être lâche, presque encore gris, autant dire pratiquement tout lui. J'éteins la lumière, nous restons un moment allongés l'un à côté de l'autre, je me colle contre lui, il m'entoure de ses bras, me serre (je l'ai mon truc comme dans les films), nous nous embrassons, nous enlevons le bas de nos sous-vêtements (là, pas comme dans les films, j'enlève le mien, il enlève le sien). Il est assez tendre (autant que peut l'être un ours constipé), me caresse beaucoup le dessus de la tête et le visage, sur mon corps ses mains font des détours pour éviter mes seins toujours planqués sous leur soutien-gorge, je ne sais pas s'il a peur de tomber dessus, de les toucher, de trouver un truc tout bizarre et de laisser échapper un « Raaah, beurk, j'ai l'impression de palper une méduse morte » qui me vexerait. Mais quand il se met d'un coup à parler, quelques minutes après avoir eu du mal à rentrer dans le vif du sujet (moi), c'est pour dire : « Ça va ? Tu fais une drôle de tête. » La suite, vous la connaissez (voir plus haut pour ceux qui sont allés directement au seul chapitre à caractère sexuel de ce récit). *To do list* : Penser à faire un poil plus romantique la prochaine fois.

Et si on demandait à un homme ce que ça fait de coucher avec une femme qui a un sein en moins ?

Le témoignage d'Olivier

Olivier a 44 ans, il vit avec Caroline, 48 ans, depuis six ans. En novembre 2013, on diagnostique à Caroline un cancer dans chaque sein. Olivier a accepté de répondre à mes questions.

On attaque l'interview par ces hommes qui quittent leur femme atteinte d'un cancer…

« En tant que mec, j'essaye de les comprendre. Comment un homme peut partir à ce moment-là ? On est aujourd'hui dans une société où l'homme doit protéger et trouver une solution aux problèmes. Face au cancer de sa femme, il est impuissant. Et peut-être que certains hommes confrontés à ce sentiment d'impuissance ont peur et s'en vont car ils n'ont pas de solution. Et cette impuissance il faut l'entendre à tous les niveaux, leur incapacité à résoudre le problème de leur femme les rend impuissants aussi physiquement. Je ne pense pas que ça soit une question de manque d'amour qui les fait fuir. »

Comment votre femme vous a-t-elle annoncé qu'elle avait un cancer et comment avez-vous réagi ?

« On l'a appris en même temps, puisque j'étais avec elle au rendez-vous à l'hôpital quelque temps après la mammo. Je me souviens d'un grand sentiment d'impuissance. Un moment de blanc. J'ai observé Caroline et je me suis calé sur sa réaction à elle. Dans ma tête ça a été clair assez rapidement. *Je vais l'accompagner*. Grâce à mon boulot (depuis dix ans je suis assistant social auprès de femmes victimes de violence), j'ai compris que dans un couple, ça ne servait à rien de vouloir sauver l'autre, on s'épuise, c'est tout. Je devais l'accompagner, être avec elle. »

Et votre peur ?

« J'ai eu très peur. Rien que le mot "cancer" est effrayant. Au début je ne l'ai pas accepté.

Et puis les médecins l'ont soignée. Je me répétais que la médecine avait fait beaucoup de progrès. L'opération a réussi, les traitements aussi, aujourd'hui, après la chirurgie, les rayons, la chimio, elle a un traitement d'hormono-thérapie. Je ressens toujours cette épée de Damoclès sur sa tête mais j'ai appris à vivre avec et pas à lutter contre. Il faut rester dans la vie, optimiste, même si on a le droit d'en avoir plein le cul, d'être épuisé. »

Et d'apprendre qu'on allait lui enlever un sein ?

« Je n'ai pas essayé d'imaginer. J'étais dans le soutien moral. »

Et quand vous l'avez vue nue pour la première fois, ça s'est passé comment ?

« J'ai attendu qu'elle décide de se montrer nue, sans soutien-gorge, sans sa prothèse amovible. Elle a eu besoin de deux mois pour être prête. On en a souvent parlé, nous avons toujours été un couple qui discute. Le cancer n'a pas modifié notre façon de fonctionner, mais c'est le fait de beaucoup parler qui a fait qu'on a pu traverser cette épreuve. Caroline avait très peur que je la voie, et de ma réaction. Je n'ai pas de souvenir du moment précis où je l'ai vue nue. Oui, Caroline a un sein en moins, mais j'avais toujours la même personne en face de moi. »

Vous vous souvenez avoir touché sa cicatrice sur son sein ?

« Je ne touchais pas la cicatrice de Caroline. Il y manquait un élément érogène, donc je n'y allais pas, mais ça n'était pas vraiment conscient. C'est elle qui me l'a fait remarquer un jour, après un câlin. J'ai dit "Ah ouais, c'est vrai", et depuis je le fais sans y penser.

Le "corps d'avant" est une question que la femme se pose. Caroline me l'a souvent demandé : "Est-ce que tu m'aimeras encore si mon corps se transforme ?" Je crois que cette question reflète le rapport de la femme à son propre corps, à travers son conjoint : c'est finalement la crainte de ne plus être désirée qui s'exprime. Mais comme elle a pu constater que ce n'était pas le cas, on est vite passés à autre chose. »

Votre sexualité à tous les deux a-t-elle été modifiée ? Votre désir a-t-il été impacté par cette mammectomie ?

« J'ai toujours autant de désir pour elle. Oui, je bande comme avant pour elle. Le désir, ce n'est pas juste une question de physique. Bien sûr, je peux éprouver du désir physique pour une nana que je peux croiser dans la rue. Mais le désir, c'est tout un ensemble, c'est une communauté d'esprit, c'est l'humour. Bander ou pas bander, je ne me suis pas posé la question. Et dans peu de temps, Caroline va se faire reconstruire son sein, donc elle en aura deux, et puis, si je ne peux pas m'occuper du haut, je m'occupe du bas ! Mais le plus dur pour Caroline n'a pas été que je la voie nue sans son sein mais que je la voie sans ses cheveux. Et la première fois que j'ai vu son crâne nu, c'était par hasard car elle ne préférait pas. Elle était dans la chambre et j'y suis entré parce que j'avais oublié un truc, elle a crié : “Non, je n'ai pas ma perruque !” »

Vous avez appris des choses sur vous pendant son cancer ?

« J'ai appris à jouer les modérateurs avec Caroline. Depuis son cancer, elle a changé beaucoup de choses dans sa façon de vivre, notamment l'alimentation. Elle a tout lu sur le sujet et aujourd'hui, on a une nourriture bio, mais j'ai dû un peu la freiner parce qu'on aurait fini macrobio, à sucer des cailloux dans un ashram ! Et j'ai appris à vivre avec un fond d'inquiétude permanent : quand je n'y pense pas, j'y pense quand même. J'ai dû lutter contre un sentiment de culpabilité quand, certains matins, je la voyais épuisée et que moi, je partais bosser. J'ai été tellement admiratif de sa combativité. »

C'est grâce à un groupe de parole sur le cancer du sein que j'ai obtenu le témoignage d'Olivier. J'ai été étonnée de voir que, comme lui, bon nombre d'hommes confrontés à cette situation dans leur couple étaient prêts à répondre à mes questions... alors même que je précisais qu'il s'agissait d'aborder le thème de l'intimité et la sexualité post-mammectomie. J'en ai interviewé plusieurs et ai été de nouveau surprise par leurs réponses : tous ont insisté sur le fait que rien n'avait changé dans leur vie sexuelle. Que leur désir et leur libido étaient restés intacts. Précisons que tous étaient en couple depuis plus de six années (je ne les ai pas questionnés sur leur sexualité avant le cancer…). J'ai choisi le témoignage d'Olivier car la discussion que j'ai eue avec lui fut très vivante et pleine d'humour. Si ses paroles vont certainement réconforter beaucoup de femmes – avec ou sans sein –, il existe aussi des hommes que cette situation a dû effrayer et bouleverser dans leur sexualité. Je n'ai pas réussi à en trouver qui acceptent de témoigner…

6

À l'homme que je n'ai pas (encore) rencontré

Pour conclure ce récit, j'aurais tellement aimé un moment d'émotion plein d'espoir et d'amour. J'aurais intitulé ce chapitre de fin : « La vie, c'est mieux à deux, même avec un sein en moins. » Je vous aurais parlé de la rencontre qui a changé mon existence, de l'homme qui a su voir la femme extraordinaire (moi) qui se cache derrière cette poitrine différente. Je vous aurais raconté combien la vie peut être surprenante et formidable. Je vous aurais encore fait pleurer (dans la mesure où vous auriez déjà versé une larme en lisant ce récit) en soulignant comment l'amour est plus fort que tout. Mais non. Je vais devoir clore ce livre, comme je l'ai commencé, toute seule comme une grande. Ce n'est pas pour autant que j'abandonne complètement l'idée de mettre une touche amoureuse dans mon quotidien. Je me dis qu'il y a sûrement un homme qui ne me connaît toujours pas alors que je serais faite pour lui. Pour un peu, je serais même triste pour lui. Triste de savoir qu'il ne sait pas que j'existe et que, du coup, il erre comme un hère de fille à deux seins en fille à deux seins. C'est trop bête. Ce qui me soulage, c'est de savoir que son calvaire s'arrêtera le jour où il tombera sur moi. Au passage, homme qui ne me connais pas encore, quand tu me rencontreras, ne sois pas effrayé par mon débit à la Françoise Sagan (le débit mais pas le talent, c'est déjà ça), et ma tessiture de voix à la Jeanne Moreau (la tessiture mais pas l'âge, c'est déjà ça) et vas-y, fonce. Faisons face ensemble aux imprévus de la vie.

P.-S. : Sache également, homme que je n'ai pas encore rencontré, que j'ai récemment fait de la chirurgie réparatrice, que l'on appelle chirurgie esthétique lorsque l'on n'a pas eu de cancer. J'ai à présent deux seins cohérents, dans la mesure où ils sont à la même hauteur, à peu près de forme identique, d'un volume (très) relativement similaire et aux cicatrices quasi estompées. Si avec ça tu n'es pas alléché, je ne peux rien pour toi.

Table

Préambule 9
Rappel des faits 11

I

ÇA Y EST,
C'EST MON TOUR

1. Au commencement était la rencontre avec le corps médical 15

D'abord, je dis du bien… 16

Ma radiologue, Martine M. 16
Mon chirurgien 20

Ce qu'il ne faut jamais faire quand on vient d'apprendre qu'on a un cancer 34

Ensuite, je dis du mal... 35

La radiologue tête de conne 35
La secrétaire superstitieuse 35
Le généraliste très (très) psy 36
L'infirmière qui murmure à l'oreille des plaies 37
L'infirmière débutante 37
La généraliste dépressive 38
L'infirmière maternante 38
Le médecin que, si je le croise, je le bute 39
Le kiné gourou 41

Puis il y a les autres patients 46

Et dans la tête des médecins 49

Philippe, gynécologue obstétricien à l'AP-HP 49
Sophie, oncologue à l'AP-HP 51

2. Comment dire aux autres qu'on a un cancer (et comment ruser pour le cacher) 53

Celui à qui il faut impérativement le cacher 54

Ceux à qui c'est quitte ou double d'en parler ... 57

Les amis ... 57

Les maris ... 59

Ceux à qui c'est très douloureux de le dire ... 62

Petit recueil d'âneries que vous pouvez entendre après avoir annoncé votre cancer (et ce qu'il faut répondre) ... 66

3. Savoir bien digérer l'info ou plutôt l'effet boomerang des dommages collatéraux ... 69

Le déni ... 71

La colère ... 72

L'acceptation ... 73

Le soulagement ... 74

12 phrases à ne jamais dire à une femme qui n'a pas eu d'enfant (et qui en voulait) ... 78

Ce que le cancer m'a appris (petites réflexions métaphysiques d'une nullipare cancéreuse heureuse de vivre) ... 80

II

C'EST PAS TOUT ÇA MAIS FAUT QUE JE TROUVE UN MARI

4. Mon nouveau corps 87

Donc maintenant mon corps, c'est ça ? 87

Petit décodage de la brochure qu'on vous remet juste avant les interventions de mammectomie et reconstruction d'un sein 91

Le résultat 91

Les imperfections du résultat 94

Je n'ai pas le choix, il faut que je m'y habitue 95

Les premières personnes qui ont vu mon sein reconstitué 98

Heidi, flic allemande 98

Carine, vendeuse de maillots de bain 99

Laura et Mélo, mes copines 100

Jade, masseuse 102

5. Et je m'y prends comment, avec un sein refait, pour draguer ? 105

De la trouille qu'un homme me voie nue 105

9 façons d'annoncer à un homme qu'on a un sein reconstitué 109

Mais en fait pas tant que ça… 111

Donc j'y vais… d'abord doucement 117

Jean-Bernard 118

Marco 119

Barnabé 121

Gontrand 122

Quand faut y aller, faut y aller ! 125

Ce que j'aurais adoré vous raconter 128

En vrai, ça s'est en fait passé comme ça 130

Et si on demandait à un homme ce que ça fait de coucher avec une femme qui a un sein en moins ? 138

6. À l'homme que je n'ai pas (encore) rencontré 145

Composition et mise en pages
Nord Compo à Villeneuve-d'Ascq

Cet ouvrage a été achevé d'imprimer en septembre 2015
sur les presses de Normandie Roto Impression s.a.s.
à Lonrai (Orne)
N° d'édition : 54938/01 - N° d'impression : 1503769
Dépôt légal : septembre 2015

Imprimé en France